今野浩
Hiroshi Konno

工学部ヒラノ教授と昭和のスーパー・エンジニア

森口繁一という天才

工学部ヒラノ教授と昭和のスーパー・エンジニア　目次

工学部ヒラノ教授と昭和のスーパー・エンジニア　森口繁一という天才

1　東大工学部三〇年に一人の大秀才

五つの伝説

昭和の日本を代表するエンジニア・森口繁一教授（東京大学）と、この天才を取り巻く人々の物語を始めるにあたって、いくつかの伝説を紹介することにしよう。

その一。京都の第三高校在学中に、斯界の権威たちが執筆した『岩波講座：数学』（岩波書店）全三〇巻を読破し、教授たちの顔色をなからしめたこと。

どのくらいの分量なのか、出版元に問い合わせたところ、なんと一万三千ページ！　多分尾ヒレが付いた話だろうが、話半分としても凄い。ちなみに筆者（ヒラノ教授）は、大学生時代に『岩波講座：現代応用数学』の中の、森口教授が執筆した『統計解析』を読んでダウンを喫し、『二次元弾性論』でノックアウトされた。

その二。全国の有力高校の理系トップが集まる、東京帝国大学航空学科に在学中は、〝工学部三〇年に一人の大秀才〟と謳われ、卒業と同時に二一歳の若さで、航空学科の（助手ではなく）

専任講師に任じられたこと。
　専任講師というのは、助手（現在の助教）と助教授（現在の准教授）の中間に位置するポストで、助手が見習い扱いであるのに対して、講師は一人前の研究者として処遇される。軍隊式に言えば、助手は下士官、講師は士官である（現在では、どれほど優秀な人でも、助教からスタートするのが普通である）。

　その三。軍事教練の際に、三〇〇〇字に及ぶ「軍人勅諭」を、一回読んだだけで完璧に暗唱したこと。
　太田裕美の「木綿のハンカチーフ」の歌詞を覚えるのに二日かかったヒラノ教授なら、一週間は必要だろう（「軍人勅諭」は軍国主義の塊だ、と思っている読者も多いと思われるが、「教育勅語」と同様、ここにはいつの時代にも、またどの組織にも通用する素晴らしい内容が盛られている）。

　その四。第一回ガリオア奨学生として、ノースカロライナ大学の数理統計学科に留学するや否や、画期的な論文を書き、アメリカ統計学界に君臨するユダヤ人集団から、〝日本にモリグーティあり〟と称賛されたこと（教授は生涯を通じて、自分の名前を日本式ローマ字表記法に従って、Moriguti と綴っていた）。

その五。アメリカ留学から帰った後、専門領域を数理統計学と統計的品質管理から、オペレーションズ・リサーチ（ＯＲ）、計算機プログラミング、数値解析に拡大し、一時は四つの分野の第一人者を兼務したこと。

ヒラノ教授も、かつて〝金融工学の第一人者〟と呼ばれたことがある。しかしこれは単に、おカネの研究に手を染めようとするエンジニアが少なかっただけの話である。

森口教授は一九一六年（大正七年）に、瀬戸内海に浮かぶ小豆島の苗羽村で生まれた。木下恵介監督の名作『二十四の瞳』の舞台になった、苗羽小学校の正門前にあった本屋さんがその生家で、小学生時代には得意先に本を配達して、家業を助けていたという。

特別な英才教育を受ける機会はなかったものと思われるが、新聞が〝小豆島に神童出現〟と報じたことが示す通り、幼少のころから神童の誉れ高く、小学校五年生の時に飛び級して小豆島中学に入った。

担任の先生は、文系の方が向いていると思ったようだが、中学四年の時に再び飛び級して、京都の旧制・第三高校の理科甲類に入学し、三年を通じてダントツの成績を収めたという。

世の中には、〝一〇歳で神童、二〇歳を過ぎたらタダの人〟と呼ばれる人が多い。ところが森口青年は正真正銘の天才だった。高校卒業後は、全国最難関と言われた東京帝国大学工学部の航空学科に入学。

この当時、定員七人の航空学科には、「YS11」の木村秀政（東大教授）、「零戦」の堀越次郎（三菱重工、日大教授）、ハヤブサの前身である「ペンシル・ロケット」の糸川英夫（東大教授）など、日本の航空工学を担う優秀な人材が集まっていた。

森口青年は、これらの先輩たちを上回る〝三〇年に一人の成績〟で卒業したあと、直ちに専任講師に任じられた。二一歳の若者が、日本を代表する秀才たちを相手に、航空力学の講義を行う姿を想像すると、鳥肌が立つような感動を覚える。

森口講師は、太平洋戦争が勃発する一年前の一九三九年から一九四四年まで、陸軍航空技術学校で技術将校として教鞭を取った。ここでも突出した才能を発揮した陸軍中尉は、大谷海軍中将に懇願され、一九四三年に中将の長女である寿美嬢と華燭の典を挙げた。そして、それからあと六〇年近くを、後に「松庵サロン・コングレス」の会場になる、杉並区松庵にある夫人の実家で暮らすことになるのである。

苦難の六年

陸軍大尉を最後に軍務を解かれ、一九四四年に東大航空学科に助教授として復帰した森口青年には、このあと苦難の歳月が待ち受けていた。

真珠湾奇襲攻撃で大戦果を収めたのも束の間、一九四二年のミドウェー海戦で大敗した後、戦況は日に日に悪化した。やがて東京大空襲、原爆投下、無条件降伏。そして、敗戦後の耐乏生活。

森口青年は、日米の国力と作戦力に大きな差があることを知っていた。実際アメリカでは、数学者、物理学者などを総動員して、暗号解析、砲弾の弾道解析、爆撃回避のための操船方法、物資の効率的輸送法の研究など、本格的な作戦研究が行われていた。したがって森口青年は早いころから、長期戦に入ったら日本には勝ち目がないと思っていたのではなかろうか。

ここにもう一つの不運が重なる。マッカーサーの命令で、勤務先の東大航空学科が廃止されたのである。航空工学に関する研究・教育は、全面禁止である。

エンジン、翼、機体などの研究をやっていた人は、機械工学、船舶工学などに転進した。一方航空力学の専門家は、〝数学力を生かして、〝数学を工学の諸分野に応用すること〟を目指す「応用数学科」を立ち上げた。航空力学の研究には、高度で幅広い数学が使われていたのである。

森口助教授は、数理統計学と統計的品質管理理論を手がけ、敗戦四年後の一九四九年に出した『力学』(日本機械学会)に引き続き、翌一九五〇年には、『初等数理統計学』(広文館)と、品質管理理論の権威であるウィリアム・デミング博士(ニューヨーク大学)の、『推計学によるデー

タのまとめかた　新しい最小二乗法』（岩波書店）の訳書を出している。

一九七三年に新設された筑波大学に採用されたヒラノ助教授は、〝雑務マシーン〟としてミゼラブルな五年間を過ごしたが、森口助教授は発足当時の筑波大学を上回る劣悪な環境で、雑務まみれの五年間を過ごしたはずだ。

二〇一二年に放映されたNHKの連続朝ドラ「梅ちゃん先生」は、敗戦直後の蒲田を舞台にした物語だった。ヒロインの父親は、東都大学医学部教授という設定だったが、梅ちゃん一家六人はひとまずまともな生活をしているように見えた。

毎朝悲惨な画面を見せられると、視聴者から苦情が出ると思ったせいか、ドラマでは悲惨さは一〇分の一に希釈されていた。しかし実際は違う。森口青年より七つ年上のヒラノ少年の父親は、静岡大学の助教授を務めていたが、当時の公務員の生活はまことに悲惨なものだった。赤貧洗うがごとし、とはあのことを言うのだ。

しかも森口青年は、かつての上司が戦犯として裁かれている姿を見ながら、公職から追放された元海軍中将と一緒に暮らしていたのである。

アメリカ留学

転機が訪れたのは一九五〇年である。〝実働する民主主義〟を学ぶために、第一回ガリオア留学生として、ノースカロライナ大学の数理統計学科で、アメリカ経済学・統計学界の大御所である、ハロルド・ホテリング教授に師事する機会が巡って来たのである。

ホテリング教授は、統計学と経済学の分野で優れた業績を上げた大学者で、コロンビア大学時代の教え子の中には、後にノーベル経済学賞を受賞する、ケネス・アロー教授（スタンフォード大学）やミルトン・フリードマン教授（シカゴ大学）などがいる。

家族を日本に残してアメリカに渡った森口助教授は、極値統計などに関するすぐれた論文を書き、〝日本に Moriguti あり〟と賞賛された（留学時代のことは、『統計通信――アメリカ留学二年間』（河出書房、一九五三）に詳しく記されているはずだが、残念ながら入手できなかった）。

一九五〇年代初めのアメリカでは、数理科学の新分野が次々と立ち上がりつつあった。サイバネティクス、情報理論、制御理論、統計的決定理論、統計的品質管理、数理経済学、ゲーム理論、オペレーションズ・リサーチ（ＯＲ）、数値解析、人工知能、計算機科学など。

しかし、いかに三〇年に一人の大秀才といえども、これだけ多くの分野をカバーすることはできない。そこで、日本の産業発展に最も役立つと思われる、統計的品質管理とＯＲ（特に線形計画法）にターゲットを絞り、日本が一日も早くアメリカに追いつくよう、これらの新知識の普及に最大限の努力を払ったのである。

森口教授は後継者が出現すると、自らはより新しいテーマに取り組んだ。数理統計学は経済学部の竹内啓助教授や同僚の吉村功講師らに、品質管理は同僚の朝香鉄一教授や応用化学科の石川馨教授に、そしてORは航空工学科の近藤次郎教授や、同僚の伊理正夫助教授らに引き継ぐといった具合である。

新しい分野に転進したあとも、森口教授はそれまで手がけた分野（統計学、品質管理、OR）の第一人者と呼ばれ続けた。後継者たちにとって、森口教授の業績はカリスマと呼ぶにふさわしいものだったからである。

森口教授とペアを組む高田勝助教授は、「森口先生は一〇年ごとに専門分野を変えて、たちまち第一人者になる」と言っていた。しかし実際には、一〇年ではなく五年ごとに新しいテーマに取り組んだ。ヒラノ青年は、〝なんてかっこいい人だろう〟と思っていたが、余りの変わり身の早さに、梯子を外されて戸惑う弟子もいたようだ。

応用物理学科・数理工学コース

ヒラノ青年が初めて森口教授の顔を見たのは、一九六〇年の春に東大駒場キャンパスで開催された、工学部の学科説明会の時である。四三歳の少壮教授は、アメリカ直輸入の「線形計画法」について熱く語った。

〝線形代数学にはこんなに面白い応用があるのか‼〟。教養課程で、〝数学者の数学者による数学者のための（純粋）数学〟に苦しめられていたヒラノ青年に、初めて〝エンジニアのエンジニアによる、社会の役に立つ（応用）数学〟の面白さを教えてくれたのはこの人である。

一九四六年にスタートした「応用数学科」は、一九五四年（昭和二九年）に行われた工学部改組の際に、「航空工学科」と「応用物理学科・数理工学コース」に分かれた。この時は、誰がどちらに移るかで、すったもんだの大騒動があったということだ。『工学部ヒラノ教授』（新潮文庫、二〇一三）で詳しく紹介したとおり、学科の改組は途方もなく厄介な仕事なのである。

「数理工学第二講座」の主である近藤一夫教授は、「出来が悪い人たちは航空工学科に移ってもらった」と嘯いていたが、近藤・森口両教授は、航空産業が消滅したあとの航空工学科に移るより、数理工学というコースを立ち上げ、手垢がついていないテーマを研究する方が有意義だと考えたのである。

ヒラノ青年が工学部に進学した一九六一年当時、「数理工学コース」は学生定員が八人、教官定員は教授が二人、助教授が二人、助手が三人という小さな所帯だった（応用物理学科には「数理工学」のほかに、定員一四人の「物理工学」と定員二八人の「計測工学」という二つのコースがあった）。

ぎりぎりの成績で数理工学コースにもぐりこんだヒラノ青年は、「数理工学第二」という科目で、森口教授からアメリカ直輸入の「オペレーションズ・リサーチ（略称ＯＲ）」の手ほどきを受けた。

ＯＲというのは、第二次世界大戦中の作戦計画に使われた数理的手法を、組織や個人の最適化問題に転用したもので、(学科説明会で教授が取り上げた)「線形計画法」をはじめ、「ネットワーク・フロー理論」、「ゲーム理論」、「非線形計画法」、「ダイナミック・プログラミング」、「待ち行列理論」、「在庫管理理論」、「信頼性理論」、「探索理論」などが注目を集めていた。

森口教授は、持参したノートには目もくれず、黒板にさらさらと数式を書いた。教養学部時代にお目に掛った、どことなくうらぶれた物理や化学の老教授たちは、最前列に座っている秀才から間違いを指摘されあたふたしていた。しかし森口教授の講義は、完璧そのものだった。

先輩たちは、「モリグッチャン(森口教授の愛称)は、分からないことでも分かった気にさせてくれる」と言っていた。ところが、講義の時には分かったつもりになっても、あとでノートを読み返すとあちこちに分からないところがある。

そこで、森口教授が執筆した『線型計画法入門』(日科技連出版社、一九五九)を図書室から借り出して、優を取るべくまじめに勉強した。ところが学期末になって教授曰く、「今学期は試験をやりません。その代わり(自筆の)ノートを提出してください」

教授はこの直後に、長期アメリカ出張に出かけることになっていたため、試験をやっている時間がなかったのである(なお自筆ノートを提出した学生は、全員優を頂戴した)。

近藤一夫教授：気難しい天才

一方の近藤一夫教授は、森口教授とはまったく対照的な人物だった。五つしか歳が違わないというのに、やけにじじむさく、椅子に腰かけたまま講義をすることが多かった。また若くして結婚した森口教授と違って、五〇歳近くまで独身を貫くこの〝偏屈〟教授は、いつも頭はぼさぼさで、年季が入った背広を身に着けていた。

一言で言えば、頭上のことばかり考えていて、足元にある穴に気がつかなかった天文学者のような人物、数学の言葉を使えば森口教授の〝対偶〟に位置する人物である。もしこの人が学科説明会に出てきたら、ヒラノ青年は数理工学コースに進もうと思わなかったかもしれない。

近藤教授は、東京帝国大学航空学科で森口教授の三年先輩にあたる人で、九州大学、名古屋大学を経て、応用数学科が設立された一九四六年に、三五歳の若さでこの学科の教授に就任した、これまた大天才である。

この人は微分幾何学という武器を利用して、「回路のトポロジー」、「観測の幾何学」、「数理音声学」、「数理言語学」などの新理論を組み立てた。この人が会長を務める「応用幾何学研究会」は、会員二〇〇人程度の零細学会でありながら、毎月定例研究会を開くとともに、二年ごとに五〇〇ページに及ぶ英文論文集『RAAG Memoirs』を発行していた。

関係者によれば、ここに掲載された論文は、世界的な評価を受けているということだったが、劣等生から見ると、どのような役に立つのか分からない、高級な（高級すぎる）内容が盛られていた。

近藤教授の「数理工学第四」という講義は、教授が現在進行形で進めている研究テーマを扱ったもので、平均レベルの学生はその〝カケラ〟も理解できなかった。講義が難解であることは、本人にも分かっていたらしい。その証拠にこの人は、「大学の講義というものは、学生が分かったつもりでいることを、実際には分かっていない、ということを分からせるためにやるものだ」と言い放った。

あるとき、「昨晩証明した画期的定理について説明するから、しっかり聞くように」と仰るので、耳の穴をほじって聞いたが、いつも通りさっぱりわからない。隣に座っている大秀才の伏見青年も分からないと言う。

ところが次の週に、「この間の証明は全部間違っていたので、今日は正しい証明を行う」と仰る。へえそうだったのかと思いつつ拝聴したが、ますますわからない。そして、その次の週には、「先週の証明は間違いで、その前の証明が正しかった」ときた。

後に東京工業大学で同僚になった、一万人に一人の天才・白川浩助教授の講義も、近藤教授のように「間違っていた、正しかった、やっぱり間違っていた」の連続だったということだが、現在進行形の研究テーマを扱うと、こういうことが起こるのだ。

何が何やら全く分からないので、数人の仲間を代表して偏屈教授にお伺いを立てた。

「先生の講義は全く分かりませんので、試験を受けないことにしますが、それでよろしいでしょうか」

「がっはっは。そんなことを聞きに来るとは、変わった学生だね。君は授業には出ていたかね」

近藤教授が笑う顔を見たのは、この時一度だけだった。

「はい全部出ていました」

「それなら、試験だけは受けて見てはどうかね」

わからないまま試験を受けたら優（今の言葉で言えばA）。答案に何か書いてあれば、内容にかかわらず優をつけたそうな。一方、白川助教授の講義で単位にありついたのは、四〇人中五人だけだった（評点はC！）そうだが、これは工学部ではありえない暴挙である。

近藤教授や白川助教授のように、わけが分からない講義をする人は、工学部には滅多にいない。ところが、文学部教授や経済学部教授の話には分からないものが多い。

経済学の場合、〝Yである〟という理論があれば、その一方で〝Yではない〟という理論もある。たとえば、〝消費税を上げれば、景気が悪くなる〟という標準的な理論に対して、〝消費税を上げれば、景気が良くなる〟という不思議な説を本気で唱える経済学者（東工大の同僚教授！）がいたし、「金利を上げれば景気が悪くなる」と主張する経済学者と、「金利を上げると景気が良くなる」と主張する経済学者が、互いに「君たちは経済学が分かっていない」と罵倒し合うこともあった。

2　森口教授の超多忙な生活

月月火水木金金

国立大学が独立法人化された後の工学部教授は、講義、講義、ゼミ、会議、会議、会議、そして果てしない雑務で、持ち時間の六割がつぶれる。では一九六〇年代はじめの森口教授は、どのような生活を送っていたのだろうか。

学内の仕事は、講義、ゼミ、会議、会議、雑務、雑務くらいで済ませていたようだが、四つの分野の第一人者を務める森口教授には、大学の外から沢山の仕事が降ってきた。各種学会の役員、国の研究機関や企業のアドバイザー、研修会の講師、著書や雑誌原稿の執筆、官庁A、B、Cの審議会委員、等々。

この当時の森口教授のスケジュールを想像すると、およそ以下のようになるだろう。

朝七時に起床。八時に杉並の自宅を出て、九時から一〇時まで雑用。一〇時から一二時まで「数理工学第二」の講義。一二時から二時まで「学科会議」。三時から五時まで通産省（現・経済産業省）の「計算機産業振興懇談会」。

五時半に研究室に戻って雑用を片づけたあと、六時半から八時半まで「日本科学技術連盟」

の「ＯＲ研究会」。九時すぎに自宅に戻ってしばし寛いだあと、一〇時から原稿執筆。午前一時に就寝。

次の日も、「数理工学第二」と「学科会議」が「来客応対」と「データ処理センター運営会議」に、「計算機産業振興懇談会」が総理府の「統計審議会」に入れ変わるだけである。

月曜から土曜までの森口教授の労働時間は、（移動時間を含めて）ざっと一五時間。日曜日は終日執筆活動に充てていたのではなかろうか。もっともこれは、森口教授が最も多忙だった時代のことであって、五〇代に入ってからは少々仕事を減らして、家族サービスや学生サービスにも時間を割いていたようである。

大学教授の任務は、研究、教育、大学管理業務、社会的貢献活動の四つに分類することが出来る。『工学部ヒラノ教授』に紹介されている通り、二一世紀の工学部教授の理想的時間配分は、研究五、教育二、管理業務一・五、社会的貢献一・五とされている。

これに対して森口教授の平均的時間配分は、研究二、教育一、管理業務二、社会的貢献活動五と言えば、大筋で間違いはないだろう。研究と教育に充てるべき時間が、社会的貢献に廻されていたのである。

研究時間が少なくてもどうにかなっているのは、大方の問題は時間をかけなくても解けるからである。高田助教授は言っていた。「あの人は、何でもすぐ分かっちゃうんだよね」と。

役に立つ研究

森口教授の基本方針は、〝世の中の役に立つ研究なら何でもやる〟ことである。教授が手がけた役に立つ研究は多岐に及ぶが、一つだけ紹介すると、一九五九年に日本で初めて（世界では三番目）のアセンブラー言語「ＳＩＰ」を開発したことである。それまで「機械語」という厄介きわまる言語でプログラムを書いていたプログラマーたちは、これによって計り知れない恩恵を受けたはずだ。

学生たちが役に立ちそうな研究結果について報告すると、教授は「ほー、それは面白い話だねえ」と言って嬉しそうな表情を見せる一方で、当分は役に立ちそうもない研究の場合は、「それは何の役に立つのかね」と訊ねた。また、なかなか答えが出そうもない研究の場合は、「君は費用対効果という言葉を知っているかね（もう少し易しくて、成果が出そうな問題を取り上げたらどうかね）」とコメントした。

かようなわけで学生たちは、森口教授に気に入ってもらえるように、すぐ役に立ちそうな問題、そして極端に難しくない問題に取り組んだ。隣の講座の近藤教授とその弟子たちが、いつになったら役に立つのか分からない、難解かつ深遠な研究に取り組んでいるのと好一対である。

役に立つ研究をやっている森口教授は、産業界からさまざまな仕事を依頼される。計算機プログラムの開発指導、品質管理手法や線形計画法の生産現場への導入。国鉄のダイヤ編成問題や、緑の窓口で発生する待ち行列の分析、交通信号のコントロール問題、エトセトラ。

森口教授は、時間が許す限りこれらの仕事を引き受けた。一方、当分役に立つとは思えない研究をやっている近藤教授は（どこからもお呼びがからないので）、講義や会議の時以外は研究室にこもっていた。

数理工学コースが入っている工学部六号館の最上階には、日本で最初に作られた電子計算機「TAC（Todai Automatic Computer）」が設置されていた。しかし、その部屋には厳重な鍵がかかっていて、学部学生ごときは手を触れることもできなかった。このため学生たちは、「数理工学第二」の演習問題として与えられた線形計画問題を、〝ガチャガチャチーン〟の手まわし計算機で解いていた。

ところが、この翌年に「データ処理センター」が新設され、沖電気の「OKITAC5090」という計算機が納入されたおかげで、手まわし計算機はあっという間に駆逐された。

ついでに書いておけば、東大工学部で正式な計算機プログラミング科目が開設されたのは、ヒラノ青年が工学部に進学した一九六一年、講義担当教官は、わが国における計算機プログラミングの第一人者である森口教授である。

有能な人には、次から次へと仕事が舞い込む。しかし、企業との共同研究は、研究論文にはつながらないことが多い。なぜなら企業は、研究成果を他社に知られたくないので、論文として発表する際には、厄介な交渉……どこまでのことを公表しても構わないか、など……が必要になるからである。このようなわけで、森口教授は余り多くの論文を書かなかった。

教授は〝一年一作、一〇年一作〟、すなわち〝一年に一編程度は、まずまずの内容の論文を書き、一〇年に一編は、専門家を驚かせるような論文を書くのが望ましい〟という趣旨のことを言っていたが、これは留学時代に滞在したプリンストン大学で、天才数学者カルチャーに影響されたせいだろう。

プリンストンの数学者はコーヒータイムに、同僚に対して「あなたは今日いくつの定理を証明しましたか」と訊ねるほど多くの定理を証明するという。しかし、その一つ一つを発表していたらきりがないので、その中の特に重要と思われるものだけを論文にまとめて発表するのである。

日本でも、当時の（応用）数学者や数理工学者は、（五〇代のヒラノ教授のように）毎年五編以上の論文を書きまくるような、〝ばかげたこと〟はやらなかったのである。次々と難解な論文を書く近藤教授は、珍しい例外である。

この当時数理工学者の間では、次のような言葉が囁かれていた。「論文を書いても、それを読んでくれるのは二人の査読者（レフェリー）と、数人の奇特な研究者だけだ」と。これは誇張ではない。大半の論文は、数人の専門家しか読まないのである（この指摘は今でも正しい）。

〝一～三人しか読まないような論文を書くために時間を費やすより、世の中の役に立つ仕事をした方が有意義だ〟。これが森口教授の哲学だった。

論文を書く代わりに、森口教授は多くの分かりやすい教科書や、質の高い解説書を書いた。一九六〇年当時、二〇冊以上の著書があった。アメリカ留学から帰ってから、年に二冊以上のペースで書いていたわけだが、その中には、いまでも版を重ねている『数学公式Ⅰ、Ⅱ、Ⅲ』（岩波書店）、名著の誉れが高い『力学』（日本機械学会、一九四九）、『初等数理統計学』（広文館、一九五〇）、『二次元弾性論』（岩波応用数学講座、一九五七）などがある。

ヒラノ教授の場合、三〇〇ページの（良心的）教科書を書くために必要な時間は、ほぼ一〇〇〇時間である。毎日三時間執筆したとしても、一年で一冊がやっとである。今ならさまざまな文書作成ツールがあるし、頭の中で組み立てた原稿をテープに吹き込んで、アシスタントが文章に起こすという手もある。しかし一九五〇年代には、このような便利な機器はなかった。このような時代に、様々な仕事の合間に、毎年二冊以上の本を書いたのは驚くべきことである。

この点について、航空学科の同期生である西野吉次教授（早稲田大学）は、「あの人の頭の中はよく整理されているので、（頭の中がごちゃごちゃの）ヒラノ君の三分の一くらいの時間で書けるんじゃないですかね」と言っていた（そうです、そうでなければ計算が合いません）。

後に森口教授は、アメリカ発の〝Publish or Perish（論文を書かざるものは退出せよ）〟カルチャーの洗礼を受けた人たちから、「結局あの人は、アメリカで生まれた新理論の輸入業者に過ぎなかった」と批判されることになるのだが、自分の研究業績を稼ぐことより、日本の産業や数理工学が、一日も早くアメリカに追いつき追い越すための仕事を優先させたのである。

森口教授が企業の委託研究から受け取る対価は、わずかばかりの研究費と、交通費に毛が生えた程度の謝礼金である。応用物理学科の同期生である野口悠紀雄氏が指摘するように、日本における知的貢献に対する報酬は、アメリカに比べて著しく低かったのである（これは今も変わっていない）。

企業や国からの研究費は、原則として大学の事務局を経由して支払われる。このお金は、実験機器や書籍の購入、研究発表旅費、計算機使用料などに充当することができるが、教授自身の懐には入らない（これに対してアメリカの場合、外部から獲得した研究費は、一定の範囲で自分の給与に廻すことができる）。

それでも、委員会手当、講演謝礼、原稿料・印税などを合算すると、森口教授の外部収入は、大学から貰う俸給の二倍を超えると囁かれていた。ヒラノ教授も年に一冊のペースで教科書や専門書を書いたが、その数と売り上げは、森口教授の三分の一以下だった。したがって、外部収入が給料を超えたことは一度もなかった。

工学部教授の中には、講演謝礼や指導料を一切受け取らないストイックな人がいる一方で、法外な報酬を要求する人もいた。企業側から見ると、どちらも厄介な人である（森口教授は、どちらの意味でも厄介な人ではなかった）。

この当時の森口教授の教育活動のウェイトが低かったのは、余りにも多くの仕事を抱えていたからである。このため演習、実習、ゼミなどは、有能な助教授や助手が担当していた。卒研生時代のヒラノ青年が、森口教授と顔を合わせるのは、週に一回の講義の時だけ、言葉を交わすのは高々月に一回、それも一〇分程度だった。研究上のことは、あちこちを飛び回っていて、容易につかまらない森口教授ではなく、吉沢正助手もしくは大学院生に相談した。

学生たちは森口教授を、畏敬の念を込めて〝モリアーティ教授〟、親愛の情を込めて〝モリグッチャン〟呼んでいた。モリアーティ教授は、アメリカ留学時代の〝モリグーティ教授〟という呼び名から派生した敬称である（なおモリアーティ教授というのは、シャーロック・ホームズの強敵で、ロンドンで発生する事件の半分は、この人が関わったものだと称される犯罪の大天才である）。

3　大秀才を取り巻く人たち

数理工学第一講座

森口教授の助手を務める吉沢正青年は、バスケットボール部のレギュラーを務める傍ら、教養課程で五〇〇人中一ケタの成績を挙げた文武両道の人である。この人は、一つしか年齢が違わないのに何でもよく知っていて、大方の問題はこの人に訊けば片付いた。

吉沢助手は、二年後に東大の「データ処理センター（のちの計算センター）」の講師になり、その後間もなく、新設された山梨大学計算機科学科の助教授に迎えられた。頭が良く人柄が良く、統計学と計算機科学で優れた業績を上げた吉沢助手は、森口教授の大のお気に入りだった。一口で言えば、この人は森口教授のクローンのような人だった。吉沢助手だけではない。先代助手の清水留三郎氏も、先々代の三浦大亮氏もすごい人だった。

大学院進学や就職先などについては、中山淳事務主任に相談した。二〇代後半のこの人は、学科の運営に命をかけていた。大学の事務官は、多くの部署を経験することによって、出世の階段を上って行くものであるが、長く事務主任ポストに留まったのは、工学部三〇年に一人の秀才に心酔しているからだと噂されていた。またその他の事務官や秘書たちも、森口教授を崇拝し、近藤教授を畏怖していた。

数理工学コースには、教授二、助教授二、助手三人(合計七人)の教官に対して、四人の事務官(うち二人は教授の秘書)が学科事務を担当していた。一方三〇年後の一九九二年、東京工業大学の「経営システム工学科」には、教授・助教授・助手各五名(合計一五人)に対して、事務官は四人しかいなかった。

三〇年の間に、事務サポートスタッフは半分に減ったのである。これではやっていけないので、外部から獲得した研究費を使って、アルバイトや派遣職員を雇用してしのいでいるが、機密に属する仕事を、アルバイト・スタッフに任せている現状にうすら寒さを覚えるのは、ヒラノ老人だけではないだろう。

一学年八人の学生は、四人が森口教授・高田助教授の第一講座に、四人が近藤教授・大島助教授の第二講座に所属して、卒業研究に取り組む。誰のところで卒業研究をやるか。ヒラノ青年は、迷うことなく森口教授を選択した。

高田勝助教授:ただ一人のヒューマン・ビーング

高田助教授は、森口教授と一つしか年齢が違わない〝万年助教授〟風のおやじさんだが、ロジカル・ビーング揃いの教授陣の中で、ただ一人のヒューマン・ビーングだった。

この人は九州大学の機械工学科を卒業したあと、（森口教授ほどの大秀才ではなかったためか）兵隊に取られて中国大陸に渡り、敗戦後は二年に及ぶシベリア抑留生活を送った。復員したあと九州大学で博士号を取り、機械工学科の助教授に就任した。そしてこの当時は（勤務先の承認のもとで）、アメリカ発の新知識を吸収すべく、森口教授に弟子入りして、数値解析や計算機プログラミングを研究していた。

高田助教授は、シベリアに抑留したソ連はもちろん、原爆を落とした上に航空学科を潰したアメリカが大嫌いだった。しかし、近藤教授と違って、学生たちに反米思想を押し付けることはなかった。

工学部の学生の大半は、政治的なことには関心がないし、戦後いち早くアメリカに留学した、親米・森口教授の指導を仰いでいる立場を考えれば、反米思想を口にしない方が賢明だと思っていたのだろう（その後年齢を加えるにしたがって、この人の反米スタンスは過激さを加え、最晩年の年賀状には、アメリカに対する怨嗟の言葉が溢れるようになった）。

また、航空学科の廃止によって甚大な被害を受けた近藤教授は、骨の髄までアメリカ嫌いで、講義の時には学生に向かって、「若いうちにアメリカに留学すると、軽薄な文化に毒される」という言葉を繰り返した。

この言葉を聞くたびにヒラノ青年は、しばしばアメリカに出張して、アメリカ発の新理論を輸入する森口教授に対する当てつけだろうと思っていた。しかし、この反米・偏屈教授は、親米・快活教授と友好的に付き合っていた。戦後の苦楽を共にした二人の〝戦友〟は、互いの才能を認めあっていたのである。

才能の面では、森口教授や近藤教授に叶わないことを自覚していた高田助教授は、ほかの人がやりたがらない仕事を、率先して引き受けた。その代表例は、夏休みの間一カ月かけて、企業実習（今で言うところのインターンシップ）を受けている学生を見回る仕事である。

学生ごときが、三週間程度でやれることは限られている（企業側も期待していない）。ところが、交通費、宿泊代、食事代は企業側が負担してくれるうえに、一日三〇〇円程度の日当が出る。今では考えられないような厚遇であるが、工学部の学生が少ない時代だからできたことである。

学生たちは、なるべく遠方にあって待遇がいい企業に、遊び半分で出かける。例えばヒラノ青年は三年生の時に、実習生を受け入れてくれる企業の中で、最も遠い長崎の三菱造船でプログラミング実習を受けた。また同期生たちも、岩国の徳山曹達、滋賀の日清紡績、大阪の大阪ガス、川崎の富士通などに出かけた。

この四〇年後、中央大学の経営システム工学科でも、学生たちはあちこちの企業でインターンシップ研修を受けていた。しかし、研修先は関東一円の企業で、人数も数人程度だったから、一人の教員が担当する見回り業務は高々一社で済んだ。ところが高田助教授は、東京より西にある企業のすべてを、一人で回ったのである（交通費・宿泊費は出たはずだが、これは大変な仕事である）。翌年四月、頼りにしていた高田助教授は九州大学に戻って、機械工学科の教授になった（この人は、九州大学を定年退官した後は、久留米工業大学の学長になった）。

伊理正夫助教授：森口教授以来の秀才

地球人・高田助教授と入れ替わる形で、九州大学から戻ってきた宇宙人が、森口教授以来二〇年ぶり（正確には一六年ぶり）の秀才と呼ばれた、伊理正夫助教授である。

一九三三年の早生まれの伊理助教授は、麻布高校在学中に、三年間の平均が九八点という驚異的成績をあげたという。

麻布学園は、進学校としてはきわめてユニークな存在である。有力な科学者や官僚、政治家、実業家を輩出する一方で、多くの文筆家や芸能人を生んでいる。中には、安倍譲二という元ヤーさん、後に作家という破天荒な人までいる。

噂によれば、自由放任が方針のこの学校は、勉強家グループと、遊び人グループに截然と分かれていたらしい。高校時代には、文学部に進んで言語学者になりたいと思っていた伊理青年は、それでは食っていけないと父親に反対されたので、（食えるはずの）東大の理科一類を受験した。ここを受けるのは、理学部と工学部への進学を希望する学生である。

文理両道の〝勉強ビーング〟は、理科一類四〇〇人の学生の中で二番の成績を収めた。数学科か物理学科に進むと思われていた青年が、設立されて間もない応用物理学科に進学した時、弱小学科の教授たちは歓声を上げたと言う（その気持ちはよく分かります）。

この学科を選んだ理由について伊理青年は、「物理学科や数学科と違って、何をやるのかはっきりしない学科（何でもやれる学科）だから」と言ったそうだ。事実この学科は、工学部の保守本流を自任する電気や機械の学生の間で、〝その他もろもろ工学科〟と呼ばれていた。

伊理助教授は学生時代以来、指導教官である近藤教授が主宰する「応用幾何学研究会」や「電気通信学会」などを舞台に縦横無尽に活躍し、毎年何編もの論文を発表した。ある先輩は、「伊理さんの周囲には、ぺんぺん草も生えない」と言っていたが、頭がいい上に超勤勉な同期生がいたら、ほとんどの人は意気疎喪するだろう。

電気回路網理論（ネットワーク・フロー理論）の分野で、世界的な評価を受ける論文を書いた伊理青年は、予定通り三年で博士号を取ったあと、直ちに九州大学工学部通信工学科の専任講師に迎えられ、半年後には助教授に昇任している。

その二年後の一九六二年に東大に戻ってきた伊理助教授は、森口教授の第一講座の助教授を務めることになった。近藤教授の第二講座には、伊理助教授より八つ年上の大島信徳助教授が座っていたからである。

微分幾何学、射影幾何学、複素関数論、フーリエ変換など、もろもろの数学をカバーする「数理工学第一」を担当する大島助教授は、背が高くて涼しげな容貌の貴公子で、ヒラノ青年の憧れの的だった。

ところが近藤教授は、自分が停年退官したあとは、大島助教授ではなく、伊理助教授を後任教授に据えたいと考えていた。大島助教授は、近藤教授の意に染まない「粉体の力学」に取り組んだため、事実上破門されていたのである。

航空工学の分野では、古くから固体力学、弾性力学、流体力学は良く研究されてきたが、粉体力学は手付かずの真空地帯だった。近藤教授はそのような研究をやっても、いい結果は出ないと考えていたのである。

両者の対立が決定的になったのは、大島助教授が文部省の在外研究員として、アメリカのラトガース大学に研修に出かけることになってからである。近藤教授のアメリカ嫌いを知りながら、その反対を押し切った大島助教授には、並々ならぬ覚悟があったはずだ。

ヒラノ青年は、何人かの仲間たちと、アメリカに出発する大島助教授一家を横浜港に見送りに行ったが、近藤研究室の関係者は一人も姿を見せなかった。このようなわけで、大島助教授が翌年研修期間延長願いを出した時、誰もが〝この人はもう日本に戻ってこない〟と思ったのである。

四つしかない教官ポストの一つを長く空席にしておけば、学科の運営に支障が出る。この結果、近藤教授の三年後輩で、民間企業に勤めていた井合毅博士が、第二講座の講師として招聘された。

東大工学部の最強頭脳講座

一方、しばらくの間森口教授に預けられた伊理助教授の周波数は、森口教授のそれと完全に同期した。自分と同程度に頭がいい伊理助教授は、森口教授の大のお気に入りになった。

賢明で用心深い伊理助教授は、近藤教授が主宰する「応用幾何学研究会」関係の研究も継続していたが、森口教授が進める実用的研究により積極的に取り組んだ。かくして、実務に強い森口グループは、伊理助教授という理論的支柱を得て、東大工学部「最強頭脳軍団」として、東大だけでなく日本全国にその名をとどろかせるのである。

伊理助教授は毎朝九時前に大学に出勤し、昼までに三編の論文を読む。森口教授同様、この人も一度読むだけで論文の内容が頭に入った。毎日これを続ければ、一年で一〇〇〇編を超える。カバーする領域は、応用幾何学、離散数学、ネットワーク・フロー理論、組み合わせ最適化法、数値解析、計算幾何学などに及んだ。

この人にもいくつもの伝説があるが、その中の三つ（だけ）を紹介しよう。

高校時代の伊理青年が、数学で間違った答案を書いた時、数学担当教員が集まって、自分たちの方が間違っているのではないか、と鳩首会談したという伝説。

教養課程で、七つの外国語を履修したという伝説。理科一類で一番でなかったのは、第七（！）外国語のギリシャ語で不可（F）を食らったためだと言うから驚く（第二外国語まで履修する学生は、せいぜい二〇％だろう）。

助教授時代に、一〇〇〇行のフォートラン・プログラムを一回で通したという伝説。これはまさに神業と言うしかない。この当時の計算機は、一つ間違いが見つかったところでダメを出す。したがって五か所に間違いがあれば、五回突き返される。ヒラノ青年が一〇〇〇行のプログラムを書けば、少なくとも一〇回以上つき返されただろう。

毎日三編の論文を読む伊理助教授は、森口教授同様何でも知っていて、一を聞いて一〇〇を理解するスーパー・エンジニアだった。幸いなことにヒラノ青年は、学部生時代に伊理助教授の講義を履修する機会はなかったので、この人が発射する放射線を浴びて黒焦げにならずに済んだ。

4 宇宙人集団

同期生たち

数理工学コースには、数学は大好きだが数学科には行きたくないという学生が、また隣の物理工学コースには、物理には自信があるが物理学科には行きたくない、という学生が集まっていた

数学科（物理学科）で楽しく暮らせるのは、数学（物理学）のお化けだけである。何の苦もなく数学（物理学）を理解する彼らは、大学院に進んで博士号を取る。そして、その中の最も優秀な人が東大数学科の助手になり、助教授、教授への階段を上って行く。しかしこういう人は、四〇人の同期生の中の高々一～二人である。

二番手グループは博士号を取ったあと、東大の植民地、すなわち関東から東海地方にかけての国立大学や研究所に放出される。その次のグループは、私立大学へ。公費を使って好きな数学研究がやれる人は、ここまでである。

ではそれ以外の人はどうなるか。アクチュアリー（保険数理士）の資格を取れば、保険会社で高給を手にすることができる。よりありふれた就職先は、有力進学校の数学教師である。独自

の数学理論を生み出すほどの独創性はないが、数学が三度の飯より好きだという人にとって、優秀な数学者の卵を育てるのは、やりがいのある仕事である。

では、数学に特別な才能や愛着があるわけでもないのに、数学科に紛れ込んだ人はどうなるか。今であれば、金融機関や計算機ビジネスで働くという手があるが、計算機が普及する前の時代だから、高校教員や予備校講師以外の就職先を見つけるのは容易でない。

数学は好きだが、数学科に進むのはリスキーだと考える学生や、数学理論そのものよりも数学の応用、すなわち数理工学を勉強したいという学生はかなりの数に上る。

高校時代に数学で学年ナンバーワンの成績を取り、周囲から数学の天才と褒めそやされた学生は、数学者になりたいと考える。数学科出身の数学教師が、彼らを後押しする。いわゆる進学校と呼ばれる高校は、全国に何百もある。つまり、何百人もの秀才が東大数学科を目指すのである。

数学科志望の学生は、大学の数学が高校の数学と全く違うことを知って、ショックを受ける。しかも数学科の教授は、才能がない学生が間違って数学科に入り込まないよう、わざと難しい講義をやる。ところがこれを軽々とクリアする（森口教授や伊理助教授のような）学生がいる。数学の世界には、上には上があるのだ。

〝こんなやつらと戦って、生き残ることはできるだろうか。出来なければ高校の先生だ。しかし、俺は数学の研究をやりたい。工学的問題への数学の応用をめざす数理工学コースはどうか。本当の天才は数学科に進むから、それ以外の連中であれば勝てるかもしれない〃。ヒラノ青年はこう考えた。ところがこのような学生は、他にも大勢いたのである。

前年のデータを調べたところ、教養学部の成績が百番以下の学生は、第二、第三志望に廻されたと言う。豊作と言われた二年上の学生は、すべて五〇番以内の学生だった。平年並みの同期生たちも、全員が一〇〇番以内の秀才である。

彼らの多くは、数学科に進んでも成功する見込みがある人だった。つまりは、数学者並みに数学ができる人なのである。数学者並みに数学ができる人は、いわば宇宙人である。彼らの会話の内容は、数学のこと、計算機のこと、物理のこと、囲碁、パズル、ＳＦのこと、それがすべてである。

中学・高校時代に友人と交わした、映画、小説、恋愛、ワイ談、流行歌、政治・社会・歴史の話は一切なしである。ヒラノ青年ははじめのうち、彼らが〝大学の中では論理で片付かないことを口にすべきではない〃と考えているのではないかと思っていた。ところが日が経つにしたがって、彼らは論理で片付くことと、趣味（囲碁、スポーツ、ＳＦなど）以外には関心がない人たちだ、ということが分かってきた。

九人の同期生の中で最も成績がいいのは、駿台予備校で常に一番の成績をキープし、理科一類でも一ケタの成績を取った伏見正則青年である（仲間たちは、この人だけ〝さん〟付けで呼んでいた）。学業優等、性格温厚、どこにも欠点がない秀才である。

宇宙人ナンバーワンは、囲碁三段で計算機プログラミングに滅法強い前田英次郎。伏見が宮本武蔵だとすれば、この男は佐々木小次郎である。ナンバーツーは、写真マニアの蒲池信一。

変人ナンバーワンは、数学は強いが、ヒラノ青年よりエンジニアとしての素質がない窪川義弘。ナンバーツーはヒマラヤに遠征するために一年留年したという、物理&山男の藤田敏三。

世間話が通じるのは、日比谷高校出身の伊達惇と、新宿高校出身の斉藤朝三の二人だけである。

役に立たない卒業論文

数理工学コースに進学したとき、ヒラノ青年は卒業論文で、役に立つ「線形計画法」を取り上げようと思っていた。ところが、森口教授の関心の中心は、計算機プログラミングと数値解析にシフトし、学科説明会で情熱的に語った線形計画法に対する関心は薄らいでいた。

今になって考えると、〝一を聞いて百を知る〟森口教授にとって、線形計画法は易しすぎたのではなかろうか。〝この程度のことは、自分でなくてもやれる。自分は、他の人にはできないことをやった方が賢明だ〟と考えたのである。

卒研で森口教授の指導を受けるのは、伏見青年とヒラノ青年の二人である。統計学が好きだった伏見青年は、早々と〝統計手法を利用したシミュレーション技術〟にターゲットを絞った。修士課程の四人は、森口教授が力を入れている、計算機プログラミングや数値解析（計算機を利用して常微分方程式などを解く方法）の研究に取り組んでいた。

ヒラノ青年は、教授が見限った線形計画法に取り組むのは賢明でないと判断して、数値解析で勝負しようと考えた。そこで吉沢助手に、「どのあたりから勉強すればいいでしょうか」とお伺いを立てた。

渡されたのは、数値解析の元祖であるジョン・フォン・ノイマン教授（プリンストン高等研究所）が書いた、七〇ページに及ぶ難解極まる計算誤差解析に関する論文だった。あちこちに書き込みがあるのは、吉沢助手が読んだ証拠だが、不勉強なヒラノ青年には全く歯が立たなかった。

〝数値解析の研究には、吉沢助手並みの数学力が必要だし、大量のプログラムを書かなくてはならない。どちらの才能もない人間には向かない〟。そこで仕方なく、数理工学第二の授業で森口教授に教わった「ゲーム理論」を取り上げることにした。

これまたフォン・ノイマン教授が生み出したゲーム理論は、入り口の〝ゼロ和二人ゲーム〟だけは、とても分かりやすい学問である。二人でじゃんけんをやって、グーで勝てば一〇〇円、チョキなら三〇〇円、パーなら五〇〇円貰えるゲーム（負ければこの逆）、これが「ゼロ和二人ゲーム」である。このようなゲームを何回も繰り返す場合、どのような戦略を取るのが最も合理的か。

グーばかりだしていたら必ず負けるから、誰でもグー、チョキ、パーを適当な比率で出そうとするだろう。ではそれぞれをどのような比率（確率）で出せば、平均的な利益が最も大きくなるだろうか。

フォン・ノイマンは、二人の敵対するプレーヤーが、最悪の場合の平均的利益が最も大きくなるように振舞うものと仮定すると、〝このゲームには均衡解（均衡確率）が存在し、それはある線形計画問題を解くことによって求まること、そして自分だけがこの作戦を変更しても、平均的損失を減らすことはできない〟という定理を証明した。

ゼロ和二人ゲームは、世の中で発生する利害対立の問題を取り扱う数学モデルである。森口教授の講義を聞いて、線形計画法と密接につながっているこの理論に魅せられたヒラノ青年は、図書室に置いてある（英語の）入門書を何冊か読んだあと、フォン・ノイマン教授自身が、同僚と協力して著わしたバイブル『ゲーム理論と経済行動』にかじりついた。しかし、最初の数十ページでダウンした。入口は簡単だったが、少し中に入ると、そこはジャングルだった。

例えば、〝私のもうけはあなたの損失〟という「ゼロ和条件」を外した、「非ゼロ和二人ゲーム」の場合、均衡解が存在することは、（のちにノーベル経済学賞を受賞し、この本の校正中に交通事故で亡くなった）ジョン・ナッシュ博士によって証明されているが、それを計算する方法は（現在のところ）存在しないし、「囚人のジレンマ」という深刻な問題が発生する。また二人ではなく、三人以上が参加するゲームは、全くのジャングルだった。

フォン・ノイマンの本には、沢山のことが書いてあった。しかし、そのほとんどは、〝すぐには役に立ちそうもないこと〟ばかりだった。役に立たないことには関心がない森口教授の弟子が取り上げるべきテーマではない。ところが、すでに卒論のタイトルを「ゲーム理論に関する考察」と申告してしまった後である。

テーマを変更することは可能だが、論文提出期限は四カ月先に迫っている。高田助教授はコンパの席で、「期限に間に合わないときには、とりあえず表紙だけ出しておいて、中身は後日提出する（実際にはウヤムヤにする）という戦略で卒業した人もいる」と言っていたが、それでは大学院に入れてもらえない。

どうしたかと言えば、ハワード・ライファというハーバード大学教授が書いた、『ゲーム理論　その批判的サーベイ』という五〇〇ページの洋書を読んで、そのエッセンスをA４六〇枚にまとめて提出したのである。

誰も読んでいないはずの本の、誰も読まないはずのダイジェストだから、丸写しであることがばれる気遣いはないと思ったが、そうは問屋がおろさなかった。卒論発表会で、あれこれどうでもいいことを話したあと、

「残念ながらゲーム理論は（将来はともかく）当分の間工学的な問題の解決には役立たないと

思われます」というしめくくりの言葉に対して、森口教授は、「そうかそうか。ワーッハーッハー」と大笑いした（ワーッハーッハーは森口教授のトレードマークである）。

恐らく教授は、前年のアメリカ滞在の折に、エンジニアの多くがそう考えていることを知っていたのではなかろうか。その証拠に、（元統計学者で森口教授の友人である）ライファ教授も、前記の本を書いたあと別の分野に転進してしまった（ゲーム理論は、このあと〝役に立つことを研究する〟ORではなく、〝役に立たなくても構わない〟経済学の研究対象になった）。

ところが、である。森口教授の隣に座っていた伊理助教授から、「君の卒論を読んだが、すべて後ろ向きだね。エンジニアたるものは、ゲーム理論がどのような役に立つかを、もっと前向きに考察すべきではないか」という痛烈なコメントが飛び出した。〝自分が指導している学生でもないのに、たいしたことが書いてあるはずがない卒論を全部読んだ！　これは容易ならざる人だ〟。

「仰ることはごもっともですが、どう考えても役に立ちそうではないのです」と言おうかと思ったが、怖いので黙っていた。

半世紀を経た今、ヒラノ老人は考える。〝あの時の結論は間違っていなかった〟と（実際ゲーム理論は、経済学では今でも重要な研究テーマになっているが、ごく最近まで工学上の問題に応用されることはなかった）。

伊理助教授の指導のもとで卒論や修士論文を書いている学生たちは、いつも震え上がってい
た。何でも知っているこの人は、学生が相談に行くと、「その問題は、その先ああなってこうなって……、結局うまくいかないだろうね」と撃墜されるという。

またこの人は、自分が指導している学生の卒業論文を隅から隅まで読んで、テニヲハにまで朱を入れるという噂だった。〝小学生でもあるまいに、そんなことまでやる必要があるのか。それとも、言語学志望だった人から見ると、学生の日本語は読むに堪えない代物なのか。くわばら、くわばら。このような人（と、このような人がやっているテーマ）には近寄らない方が賢明だ〟と思ったが、その後二度目の定年を迎えるまで（迎えたあとも）、この人の薫陶を受けることになるのである。

若いころは、〝寄らば斬るぞ〟スタイルだった伊理助教授は、四〇代に入ると〝近寄ってもすぐには斬りつけない〟教授になっていたので、斬られたのは一〜二回、それもほんのかすり傷で済んだ（今では畏れ多くも、墨田区住まいで中央大学OB同士の老人は、時折会食する間柄になった）。

話が脇道にそれたが、伏見青年の卒業論文について森口教授は、「ここ数年の卒業論文の中で最も素晴らしい出来栄えだ。これから先も、この調子で頑張ってくれたまえ」と激賞した。伊理助教授も、「大変勉強になった」とコメントした。伏見青年の論文は、東大工学部最強頭

脳コンビのお墨付きを得たのである。

伊理助教授からバッサリやられたが、なんとか審査をパスして卒業にこぎつけたヒラノ青年は、大秀才の伏見青年とともに修士課程に進み、森口帝国の臣民になった。

5　大学院　学部の付け足し組織

博士号：工学部教授の条件

ヒラノ青年は小学生のころから、将来は大学教授という職業に就きたいと思っていた。自分のやりたいことがやれて、少ないながらも安定した収入が得られる仕事として、ほかに思いあたるものはなかったからである。

母は息子が一流大学の数学科教授になることを望んでいた。しかし高校に入って、大学生向けの本格的教科書『解析概論』（岩波書店）を、中学生時代に読破した天才と同級生になったため、プロの数学者は勤まらないことが分かった。

さんざん考えた末に選んだのが、工学上の諸問題に数学を応用することを目指す、数理工学コースだった。その選択は間違っていなかったが、ここにも自分が太刀打ちできない秀才が揃っていた。

彼らと戦って、一流大学の教授になれる可能性はゼロである。なぜなら工学部教授になるためには、博士号を持っていることが必須の条件だが、数理工学コースの博士スタンダードは、工学部全体で最も高いと言われていたからである。

博士課程には、森口教授が初めて受け入れた白貝茂夫という秀才がいた。この人の一つ下の学年には、理科一類で一ケタの成績を挙げた秀才が揃っていたが、森口教授のお眼鏡には叶わなかった。

教授はかねて、「博士課程に受け入れるのは、たかだか三年に一人まで」と宣言していた。苦労して博士を育てても、大学教授のポストは少ないし、企業はプライドが高く融通がきかない博士を敬遠するから、適当な就職先が見つかるとは限らない。〝それよりは、修士課程を終えたあとは、引く手あまたの民間企業に就職して、産業発展に尽くしてもらい、必要になった時に博士号を取る方が望ましい〟。これが森口教授の考えだったのである。

ところがこの森口スタンダードは、伊理助教授が九州大学から戻ってきてから一層厳しくなった。しかも、三年に一人の博士課程チケットは、工学部五〇年ぶりの最強コンビのお墨付きを得た伏見青年の手中にあった。

博士課程に入らなくても、博士号を取ることは可能である。優れた研究成果を上げた人は、後日それらを編集した論文を大学に提出して審査を受け、これに合格すれば博士号を取ることができるからである（博士課程に入って博士号を取った人を〝課程博士〟と呼ぶのに対して、これらの人は〝論文博士〟と呼ばれている）。

しかし論文博士基準は、課程博士基準以上に厳しい。その証拠に、応用数学科や数理工学コースの出身者で、論文博士になった人は一人もいなかった。つまり、ひとたび学窓を去った人が博士号を取ることは極めて難しかったのである。

〝博士になれないのであれば、なるべく就業条件がいい会社に入って、適当にやるしかない〟。こう思ったヒラノ青年は、条件がよさそうな富士製鉄から奨学金を貰って、修士課程を出たあとはこの会社に就職することに決めた。

博士になれる見込みがないのに大学院に進んだのは、修士号くらいは持っていないと、企業で生き延びていくのは難しい時代が来る、と考えたからである。〝しっかりした専門知識を身につけて、それで勝負するしかない――〟。

手抜き教育

学部時代と違って、大学院生には五〇平米ほどの研究室が割り当てられた。ここに住むのは、修士課程二年の丸山武氏と高瀬啓元氏、それに修士一年の伏見青年とヒラノの四人である。博士課程の白貝青年の机もあったが、この人は研究室にはほとんど姿を現さず、自宅と大学周辺の喫茶店で仕事をしていた。五〇平米に四人と言えば、かなりゆったりしたスペースである。

修士課程では一〇科目二〇単位を履修して、修士論文を書く必要があるが、最初の一年で二〇単位を履修し終えるのが標準である。ところが学部教育がしっかりしていたのに対して、大学院教育は全くの手抜きだった。

例えば、品質管理の法王こと朝香鉄一教授の「統計学特論」は、学部学生のための「統計学概論」と全く同じ内容で、開講される時間帯も教室も同じだった。朝香教授は第一回目の講義で、「学部時代に私の統計学概論を履修した学生は、出席しなくても単位をあげます（出て来るな）」と言って、大学院生を部屋から追い出した。

きちんとした講義を受けたのは、数学科の「微分方程式特論」と応用化学科の「特許法概論」くらいである。

特許法の講義は、森口教授が「エンジニアたるものは、特許法くらいは知っておいた方がいいだろう」と仰るので聴きに行ったが、この科目を担当するのは法学部教授ではなく、三菱化成の特許部門に勤めるエンジニアだった。

当時の東大法学部では、特許法をはじめとする知的財産権法は、実務家のテーマであって、法学者が取り組むに値するものではないと思われていたのである。担当講師は、「なんで私のような会社員が、こんな講義をやらなければならないんでしょうね」とぼやいていた。

数理工学を研究する人間が特許法を勉強しても、未来永劫役に立つことはないだろうと思いつつ、漫然と講義に出ていたが、ここで手に入れた知識は、二五年後の一九八〇年代後半に、ソフトウェア特許論争に参入した際に大いに役に立ったのだから、世の中は分からないものである。

六〇年代の日本では、ソフトウェアや数学的解法は特許の対象にはならないと考えられていたが、ソフトウェア先進国アメリカでは、ソフトウェア特許問題が議論されていることを、森口教授は知っていたのだ。

なお四半世紀後の特許法は、学生時代と全く変わっていなかった。日進月歩の技術を扱う特許法が二五年も変わらなかったのは、法律家が技術を軽視していたことの表れである（特許法が改正されたのは、二一世紀に入ってからである）。

「数理工学輪講」という科目では、森口研究室の四人の学生が、アメリカで出版された本格的教科書を選んで、毎週一回順番に何ページかを発表し、他のメンバーが良く分からないところを質問するという、〝輪講〟形式で進められた（時間に余裕がある時代には、教授も参加したそうだが、このころは多忙を極めていたため学生に任せていた）。

大教授に下らない質問をすることは憚かられる。しかし相手が学生なら、どのような質問をしてもかまわない。また一人で本を読んで理解したつもりになっても、それを他人に分かるように説明するためには、プレゼンテーション・スキルが必要になる。

森口教授がアメリカ滞在時代に仕入れてきた情報によれば、学生をA、B、C、D、Eの五段階に分けた時、一ランク上の学生が次のランクの学生（AがBを、BがCをといったように）を教える時に最も教育効果が上がると言う。伏見青年がAだとすれば、ヒラノ青年は良くてBだが、輪講は学生が実力をつける上で極めて有効な方法だった。

初年度に選んだのは、ウィリアム・フェラーの『確率論』の第一巻と、エマニュエル・パルツェンの『確率過程論』である。本来は、参加メンバーが均等に分担するのが望ましいが、統計学を研究テーマに選んだ伏見青年が、他のメンバーの二倍近くを担当した。この人の〝絶妙な〟発表を聞いていると、自分では分からなかったことでもよく分かった。これらは、どちらも良く工夫されたテキストで、ヒラノ青年は唸り声を上げながら三分の二くらい読んだ。

アメリカで発行された教科書には、各章末に一ダースほどの演習問題がついている（宿題が多いアメリカの大学では、演習問題が付いていなければ、教科書に採用されない）。森口教授は、これらの問題を解けば実力がつくと言っていたが、アルバイトで忙しいヒラノ青年は、本文を読むだけで精一杯だった。一方勉強家の伏見青年は、教授の教えに従って、演習問題をあらかた解いていたようだ。

恐怖の統計学輪講

難物は、経済学部と工学部が共同で開講している「統計学輪講」である。経済学部から宮沢光一教授、鈴木雪夫教授、竹内啓助教授、工学部からは朝香鉄一教授、森口繁一教授、伊理正夫助教授、吉村功講師、そして医学部の増山元三郎講師（のちの東京理科大学教授）らが名を連ねた。

これらの公式メンバーのほかにも、関東一円の大学から、統計学の専門家や大学院生も聴きに来た。東日本地区における統計学オールスターキャスト、というべき豪華メンバーである。

ただし朝香教授は、外での仕事が忙しいせいか、吉村講師に任せてほとんど欠席。出てきた時も、沈黙したままだった。大学院の講義が、学部の講義と同じものであることが示す通り、最新の統計理論には関心を失っていたのだ（そのかわりこの人は、〝品質管理教〟の教祖として、企業から神様のような扱いを受けていた）。

また宮沢教授も、（天才・竹内助教授に遠慮したためか）ほとんど発言しなかった。一方森口教授は、統計学の研究から遠ざかっていたが、時間が許す限り出席して、学生に適切なコメントを与えた。この人は、どのようなことでも即座に理解し、学生の発表があやふやなときは、「それはこういうことではないのかね」と助け舟を出した。

何でも知っている伊理助教授は、統計学にも詳しかったはずだが、森口教授の講座の助教授として、お付き合いで参加しているという風情だった。

増山博士は、統計学研究の世界的中心地の一つである、インドの「マハラノビス統計研究所」の客員教授を務めた世界的権威である。サンスクリットまで読めるという増山博士に対して、（エスペラント語を含む）七カ国語に明るい伊理助教授が、「先生にはとても及びません」と謙遜した時、増山博士は「いいえ。私は何も知りません。ただ、どこに何が書いてあるかは大体知っています」と答えて、学生たちを卒倒させた。

もう一人の吉村功講師も、工学部における統計学研究の中心人物となるはずの逸材だったが、残念ながら学者から教祖に転じた朝香教授と衝突して、早々と名古屋大学に転出した。

竹内啓助教授：文理両道の統計学者

オールスターキャストが集まる統計学輪講の主役は、経済学部のエース・竹内啓助教授である。一九三三年生まれの竹内助教授は、平凡な家庭に突然発生した森口教授や伊理助教授とは違って、日本古代史の研究で文化勲章を受章した竹内理三教授（東京大学）を父親に持つ、血統書つきのサラブレッドで、中学時代に高木貞二の『解析概論』を読破した早熟な天才である。

理科一類を目指すと思われていた竹内青年が、文科一類を受験することが分かった時、全国の受験生の間で、〝これで理科一類の定員が一人増えて、文科一類の定員が一人減った〟と評判になったほどの大秀才である。

東大入試では、新制大学始まって以来最高の得点を取ったため、不正を働いたのではないかと疑われた、という伝説もある（なお竹内青年の兄と弟はともに理系に進み、研究者として大成した）。

学部時代にマルクス経済学を専攻した竹内青年は、大学院に入ってからは、増山、森口両教授の仕事に触発されて統計学に取り組み、三〇歳の時に博士論文をもとにして書いた『数理統計学　データ解析の方法』(東洋経済新報社)は、統計学徒の必読書と呼ばれた。ヒラノ青年も買ってはみたが、三分の一くらいしか読めなかった。

全巻通読した伏見青年は、あちこちに沢山の誤植(もしくは間違い)があるので苦労したと言っていた。この件について、学生から苦情を持ち込まれた竹内助教授は、

「完璧な教科書は、学生のためにならない。なぜなら研究者を目指すものは、すべてを疑ってかかる必要があるからだ。というわけで、意図的に誤植を増やしたんだよ。どうだ、分かったかな。はっはっは」と逆襲したそうだ(統計学者を目指さない人にとっては災難だが、こうでなければ、弁が立つ人が多い経済学部では生きていけないのだろう)。

(数学科以外の)東大若手助教授集団の中で、伊理助教授と双璧と呼ばれる数学力を誇った竹内助教授は、一九六八年から約六年間、数理科学のセンター・オブ・エクサレンスである、ニューヨーク大学の「クーラント数理科学研究所」の客員研究員を務め、国際的に名前を知られるようになった。

若いころ、統計学／計量経済学に関する何編もの論文や専門書を発表した竹内教授は、四〇代半ば以降は文明論、科学技術論、環境保全などに守備範囲を広げ、一〇〇冊を超える著書を出している。

統計学／計量経済学に関する研究時間を減らして、それ以外の分野に取り組んだのは、第二次大戦以降優れた研究者が参集した統計学は、七〇年代に入って成熟期を迎えたため、竹内教授の才能にマッチする大きな問題は残っていなかったからではないだろうか。

ヒラノ教授は東工大の人文・社会群に勤めていた時代に、一ダースほどの竹内教授の著書を手に取った。そして、理系・文系にまたがる博学ぶりと高い見識に圧倒された。特に『近代合理主義の光と影』（新曜社、一九七九）と、『無邪気で危険なエリートたち　技術合理性と国家』（岩波書店、一九八四）は何度も繰り返し読んだが、そのたびに多くのことを教えられた。

唯一つの例外は、『非線形計画法』（白日社、一九七二）という教科書である。この分野の専門家から見ると、ここに記載されていたのは一時代前の理論だった。数年後にヒラノ助教授が『非線形計画法』（日科技連出版社、一九七八）という教科書を出す気になったのは、新時代を迎えた非線形計画法を学生諸君に紹介しなくてはならない、と考えたためである。

竹内教科書が数年で姿を消したのに対して、ヒラノ教科書は以後二〇年にわたって良く読まれた（ヒラノ教授が書いた教科書の中で、最もよく売れたのはこの本である）。

ヒラノ教授は後年、ＯＲ学会の英文ジャーナルの編集作業や、「高度技術社会の展望」と称する五年がかりのプロジェクトで、竹内教授のお手伝いをする機会があった。切れ味の鋭さは統計学輪講時代と変わらなかったが、五〇代に入った竹内教授は、五〇代の伊理教授と同程度に丸くなっていた。

なお上記のプロジェクトは、竹内教授のリーダーシップのもとで、二〇〇人余りの研究者が協力して、五億円の巨費を投じて実施されたものであるが、数千ページに及ぶ報告書を生み出したものの、竹内教授の努力に見合う成果を生み出さずに終わった、というのがヒラノ老人の評価である。

エンジニアvsエコノミスト

統計学輪講に参加した学生は、応用物理学科から七人（うち四人は後に東大教授になった）と、経済学部から三～四人である。もともと統計学が苦手だったヒラノ青年は、この科目を取らずに済ませたいと思っていた。しかし、統計学界の大御所・森口教授の弟子であるからには、逃げるわけにはいかない。

学生たちは、オールスターキャスト教授陣と先輩学生の前で順番に、海外の専門誌に掲載された論文の内容を発表する。うまく発表して、質問に答えられれば万歳だが、答えられないときは酷い目にあう。

工学部の教授は概してマイルドな人が多い。例えば森口教授は、自分がまだ読んでいない面白そうな論文を学生に与えて、熱心に発表を聞く。そして学生が分かりやすく発表し、質問に対してうまく答えると、「有難う。これで一つ賢くなったよ」とお礼の言葉を掛けてくれる。うまく答えられなくても、学生を傷つけるようなことは言わない。

ヒラノ青年は、アメリカの統計学会誌に掲載された、比較的分かりやすい論文について発表した。実力を考慮して、森口教授が手心を加えて下さったのである。丸々二週間かけても、九〇%くらいしか理解できなかったが、分からない部分はごまかして何とか切り抜けた。薄氷を踏む思いとはこのことである。

一方、普段から学生を厳しくしごいている経済学者は、すでに自分が読んだ(難しい)論文を学生与えて、能力の品定めをやる。ごまかそうとしても、絶対に見逃してくれない。分かっていないことがばれると、容赦なく学生を叱責する。経済学部の先輩集団がこれに加わる。「よくそれで大学院に入れたね」、「何を言いたいのかさっぱり分からん」などなど。今でいうアカハラである。

互いに相手を批判し合う経済学者集団。互いにヨイショし合うエンジニア集団。経済学者はエンジニアを、〝馴れ合い集団〟と軽蔑していた。しかし、なれあい集団が製造業王国を作り出したのに対して、経済学者集団は何を生み出したのだろうか。

統計学輪講に皆勤したおかげで、ヒラノ青年は統計学と経済学が嫌いになった。この四年後、スタンフォード大学に留学してから、統計学を本格的に勉強したが、あれほど時間をかけたにもかかわらず、〝分かった感覚〟が手に入らなかったのは、統計学輪講の体験で脳みそにロックが掛かったせいである。

6　森口帝国

プログラム指導員

「統計学輪講」以上に辛かったのは、データ処理センターの〝プログラム指導員〟という仕事である。

この当時、計算機プログラミングに関する正式な講義を開設しているのは、応用物理学科の「数理工学コース」だけだった。それ以外の学科の学生は、森口教授が書いたテキストを読んで、見よう見まねでプログラムを書いていた。

これらの人がセンターに出入りすると、様々なトラブルが発生する。「プログラムに誤りがあるという理由で突っ返されたが、どこが間違っているのか分からない」、「絶対に正しいプログラムを書いたはずなのに、通してくれないのは、計算機が壊れているからではないか」などなど。

データ処理センター長を務める森口教授の発案で、これらの疑問や苦情にこたえるためのプログラム指導員制度が発足した。森口教授のもとでプログラミング教育を受けた大学院生は、すべてこの仕事を割りあてられた。それだけでは足りないので、理学部や工学部で計算機を使用している大学院生も狩りだされた。アルバイト代は出ない代わりに、計算機を何時間分かただで使わせてもらえるという特典がある。

数理工学コースの同期生九人中六人は、プログラミング大好き人間だった。好きこそものの上手なれという言葉のとおり、さらさらとプログラムを書いた彼らの大半は、計算機とともに一生を過ごすことになった。

正しいプログラムを書くには、すべてを忘れて、一〇〇％この仕事に打ち込まなくてはならない。数理工学コースの学生の中には、囲碁や将棋に強い人が多かったが、これらのゲームは、プログラミングと共通部分があるようだ。

九人の同期生の中で、プログラミングが二番目に下手だったヒラノ青年にとって、週に一回三時間のおつとめは、針のむしろだった。自分が書いたプログラムでさえ、どこが間違っているか分からない男が、他人のプログラムを解読して、適切なアドバイスを与えなくてはならないのである。

相手が素人であれば、質問も初歩的なものだから何とか対応できる。ところが、計算機中毒の物理学科の大学院生や、プログラミング・オタクの電気工学科助手なども相談に来る。医師免許を取ったばかりのぼんくらインターンが、うつ病患者の相談に乗るような話である。

診断を誤っても、命に別条があるわけではない。しかし、厳しい患者にやり込められると、医者がウツになる。

素人同然の男に、相談員をやらせるなんて無茶な話だが、駆け出しの青年に難しい仕事を割り当てるのは、工学部では珍しいことではない。土木工学の場合、学部を卒業したばかりの若者に、ダム工事の現場監督をやらせると言う。

〝素質がある（はずの）若者は、どのような場面でも、見よう見まねで何とか対応するはずだ〟。このような環境で鍛えられたエンジニアは、後輩も何とかするだろうと思っているのである。なお半世紀後に伏見老人と雑談した折に、この仕事について触れたところ、苦労した記憶はまったくないと言っていた（やっぱりこの人は宇宙人でした）。

お茶の会

統計学輪講やプログラム相談員以上の難物は、隔週水曜日の三時から開かれる〝お茶の会〟である。森口研究室に所属するすべての大学院生が、高級ショートケーキとトワイニングの紅茶をご馳走になりながら、自分がやっている研究について発表して、教授の御意見を伺うための会合である。

レギュラー・メンバーは、大学院生五人と鹿島建設から派遣されている研究生の庄子幹雄氏の六人である。また自分の研究テーマとつながりがある問題が議論される時には、伊理助教授も参加した。工学部の最強頭脳コンビの前で、（つまらない）研究発表を行うのがどれほど辛いか、お分かり頂けるだろうか。

一を聞いて百を知る最強コンビは、どのようなことでも即座に理解して、適切なコメントを与える。一回につき二〜三人の学生が発表するから、六週間に一回は順番が回ってくる。ほぼ毎回発表するのが、白貝、庄子の二人で、二回に一回程度が丸山、高瀬、伏見の三人、そして三〜四回に一回がヒラノである。

教授のお気に入りは波長が合う学生、すなわち〝打てば響く〟学生である。ただし、頭の回転が速いだけでは、ティーチャーズ・ペットにはなれない。〝役に立つ研究〟をやらなければダメなのである。

教授のお気に入りは、庄子、伏見の二人である。三つ四つ歳上の庄子氏は、土木工学科の出身であるにもかかわらず、数理工学コースの学生並みに数学ができる人だった。

ヒラノ青年が工学部に進学した時、土木工学科は理科一類の平均成績が六〇点を割っていても入れて貰える、〝底割れ〟学科だった。ちなみに、一年三六五日雀荘で過ごしていた豪傑H君の進学先は、この学科だった。

ところが、数年前までの土木工学科は、競争が激しい人気学科だった。戦後の復興時代には、土木工学科を出て建設省や国鉄に就職するのが、エンジニアのエリートコースだったのである。

庄子青年だけではない。森口研究室にしばしば出入りしていた土木工学科出身の奥平耕造助手や、後に電力中研・東工大・中大で同僚になる日野幹雄博士も、とても数学に強い人だった。

折から鹿島建設は、東大工学部長を務めた武藤清博士を副社長に迎えて、日本初の超高層ビル「霞が関ビル」の建設に取り掛かっていた。

庄子青年は森口教授の指導のもとで、地震の際に高層ビルがどのように振動するかを計算する仕事に取り組んでいた。計算結果は、霞が関ビルの設計に生かされることになっているという。これぞまさに、〝すぐ役に立つ研究〟そのものである。

一九六五年に着工した霞が関ビルは、三年後の一九六八年に完成した。このとき武藤副社長は、「森口教授の協力がなければ、このビルの完成はずっと遅れていただろう」と言ったそうだ（なお武藤副社長はこの業績を評価され、後に文化勲章を受章している。また庄子青年は順調に出世階段を登り、後に副社長になった）。

伏見青年は、統計学（逐次解析と最適停止問題）の研究を行い、次々と新しい成果を生み出した。森口教授は目を細めて〝愛弟子〟の報告を聞いていた。

一方、宇宙人ぞろいのこの学科では、数少ないヒューマン・ビーングである丸山青年の研究は、〝この程度なら自分でもやれそうだ〟と思わせる内容だった。ちゃらんぽらんな雰囲気を漂わせていたこの人が、後に富士通の副社長になったとき、かつての仲間たちはびっくり仰天したはずだ。

数理工学コースの卒業生で、大企業の副社長になったのは、ヒラノ青年が知る限りこの人一人だけである。そもそも、数学をやろうという人種は、勉強が大好きで上昇志向が希薄な人が多いのである（大企業のトップになるのは、宇宙人ではなく地球人であることを示す好例である）。

統計学輪講、プログラム指導員、お茶の会、そして日本を代表する秀才集団は、ヒラノ青年にとてつもないプレッシャーを与えた。よく耐えることができたものだが、気が弱い学生の中からは自信喪失する人が出て来る。これはどこの学科、どこの研究室でもあることだが、森口帝国でも時折そういう人が出た。

実際二つ下の学年で、全くやる気をなくした学生が出現した。今で言えばうつ病だと思われるが、森口教授と大学院生が一体になって、この学生をサポートしたおかげで、一年遅れで修士号を取得し、有力企業に就職したということだ（近藤研究室だったら、どうなっていただろうか）。

森口教授 vs 白貝青年

博士課程二年目の白貝青年は、ほぼ毎回発表を行った。しかし教授の反応は、芳しいものではなかった。

この人の研究テーマは、人工知能研究のパイオニアであるジョン・マッカーシー教授（スタンフォード大学）が提唱する「計算の数学理論」、すなわち〝計算〟という行為にかかわる様々な数学的問題を分析する研究である。

白貝氏は日頃から、「日本のソフトウェア科学者は、（アメリカの研究者に比べて）志が低すぎる。彼らがやっているのは、単なる職人仕事に過ぎない。ソフトウェア科学を本物の科学に育てるためには、まず基礎を固めることが必要だ」と主張していた。これは、森口教授をはじめとする、日本のソフトウェア科学の主流派研究者に対して向けられた批判である。

この当時の（東日本地区の）ソフトウェア科学界は、東大の森口繁一教授、高橋秀俊教授（物理学科）、渡辺茂教授（機械工学科）の三巨頭と、それに連なる人たちがリーダーシップを握っていた。いずれも数学、物理、電気工学、機械工学などから転身した人たちである。彼らの関心の中心は、ソフトウェア技術を日本の産業発展に役立てることにあった。

これに対してアメリカでは、エンジニアだけでなく、数学者、物理学者、心理学者、芸術家などがソフトウェア科学に乗り出し、様々な新分野を開拓し始めていた。人工知能、データ・ベース、コンピュータ・グラフィックス、コンピュータ・ネットワーク、コンピュータを使った教育（ＣＡＩ）やデザイン（ＣＡＤ）などなど。

白貝氏の主張は正論である。しかし森口教授には、計算の数学理論のような〝メタ・ソフトウェア研究〟に手を広げる余裕はなかった。

この当時の日本の計算機科学は、徹底したハードウェア研究中心だった。ＩＢＭやＵＮＩＶＡＣなど、アメリカの計算機メーカーに追いつくことが重要であって、計算機をどのように利用するかという、ソフトウェアやアプリケーションの研究は、二流、三流の人がやることだと見做されていたのである。

計算機産業を支援する通産省は、〝ソフトウェアはお金にならない。そのような研究はアメリカに任せ、われわれは金になるハードウェアの研究に集中すべきだ〟と考えていた。したがって、研究資金の大半はハードウェア研究に流れ、ソフトウェア研究に割り当てられる原資は極めて限られていた。日本がハードに勝ってソフトで完敗したのは、このためである。

もともと乏しい研究費でやりくりしてきた数学者や数理工学者は、お金がなくても面白ければ研究をやる生きものである。しかし、実験にお金がかかる電気工学や機械工学などハード系出身の研究者は、お金がつかない研究テーマには関心を示さない。

アメリカ事情に詳しい森口教授は、ソフトウェア研究においても、基礎研究が重要であることを知っていたはずだ。しかし、それに振り向けるべき研究費はないし、人材もいない。〝このような状況では、日本の産業発展の役に立つ実務的研究をやるしかない〟。これが森口教授の考えだった。

いつもニコニコしている森口教授の顔に、不機嫌そうな表情が現われるようになったのは、秋学期が始まったころである。

「君の研究は、役に立つ結果に繋がるのかね」

「今のところ、すぐに役に立つ結果が出る見込みはありません。しかしアメリカでは、ソフトウェア科学を本物の科学にするためには、このような研究が重要だということは常識になっています」

「そのような意見があることは知っている。しかし、君は工学部の学生なのだから、もう少し実用性を考えた方がいいのではないのかね」

会場には不穏な空気が流れた。森口教授が、これほどはっきり学生の研究を批判したことはなかったからである。つまらない研究発表を聞いたあとの教授の反応は、ビナイン・ネグレクト（黙って無視する）もしくは、「もう一工夫する必要があるね」といったものがせいぜいだった。これに対して学生は、教授の反応を見て軌道修正を図る。ところが白貝青年は、教授の言葉を無視した。

一回目はこれでおしまいになったが、その後もしばしば同じようなやり取りが繰り返された。森口教授は、〝自分が初めて出すことになる博士号が、全く実用性がない研究を対象とするものであってほしくない〟と思っていたのである。

工学研究者たるものは、工学の存在理由である実用性という基準を頭に据えておく必要がある。この点からすると、実用性から完全に遊離した白貝青年の研究には疑問がある。

より基本的な問題は、森口教授が実用性重視のエンジニアであることを知った上で、この人を指導教官に選んだことである。学部時代に、教授がどういうタイプの研究者なのかを見極める時間があったにもかかわらず、自分のベクトルに合わない人を指導教授に選んだのは、選んだ側にも責任がある。

〝森口教授を指導教官に選んだ以上、博士号を取るまでは、教授の意向を取り入れて、軌道を修正する必要があるのではなかろうか。工学部三〇年に一人の大秀才に対抗しようとするのは、孫悟空がお釈迦さまに反抗するようなものではないか〟。これは常々ヒラノ青年が感じていたことである。文系の世界では珍しくない強権的教授であれば、自分のアドバイスを全く聞き入れない白貝青年を、破門していたのではなかろうか。

その一方でヒラノ青年は、〝役に立つことをやっている人たちの中に、すぐには役に立たないことをやる学生が、一人くらいはいてもいいのではないか〟と思っていた。役に立つことはすぐに古くなることが多いし、役に立たないと思われていたことが、役に立つということは往々にしてあるものだ。

実際、このころ学生たちの間で、「あの人の研究は絶対に役に立たない」と批判されていた、甘利俊一助教授の「神経回路網」の研究は、後に大発展した「ニューラル・ネットワーク」理論の先駆けになったものとして、学界の高い評価を受けている（甘利助教授は、後に文化功労者に選ばれている。ただし数理計画法の専門家であるヒラノ老人は、今でもニューラル・ネットワーク理論には、若干の疑問を抱いている）。

7　帝国の難民

アルバイト魔王

大学卒業と同時に結婚したヒラノ青年は、富士製鉄の奨学金と妻の給料があれば、二年先輩の坂本青年のような、〝優雅な六畳一間生活〟ができるだろうと思っていた。ところが、生来身体が弱かった妻は、結婚後間もなく体調を崩して仕事を続けられなくなったため、家庭教師で毎晩都内を走り回るアルバイト魔王になった。

それでも朝九時には大学に出て、講義、輪講、ゼミなどに出席し、空き時間は専門書や論文を読んで暮らした。〝役に立たない〟ゲーム理論から、マーコビッツの「ポートフォリオ理論」に乗り換えて見たものの、この問題を解くために必要な株価データが集まりそうもない。

五時からあとは、ほぼ毎晩家庭教師。家に戻るのは一〇時過ぎである。土曜も午後は家庭教師で潰れる。日曜は○○○、△△△、×××で一日が過ぎる。

秀才たちは、昼前に大学に出てきて、終電近くまで勉強している。勉強が趣味のような連中だから、日曜も下宿で勉強している。不勉強なヒラノ青年は、お茶の会が来るたびに身が縮む思いだった。

何も発表する材料がないので、六月に回ってきた当番をパスした。夏休みに入ってからも、いいアイディアは浮かばなかった。

九月に入って初めてのお茶の会で、隣に座った庄子青年が声をかけた。

「合宿はどうでした?」

「何のことですか?」

「夏休みに森口先生の別荘で開かれた、勉強会ですよ」

「そんな話、僕は聞いていません」

分かったことは、七月末に森口研の助手や大学院生が、甲斐大泉に新築された森口教授の別荘「東麗美庵(トレビアン)」で合宿したということである。お茶の会のメンバーで参加しなかったのは、ヒラノ青年だけだったらしい。〝不勉強なので、教授夫人に嫌われたのか?〟

陽気で気さくな寿美夫人は、時折大学に姿を現わし、助教授、助手、学生を〝くん〟付けで呼ぶ、典型的な大学教授夫人である。必要なときには、教授に代わって判断を下すこともあった。例えば、教授の不在中に面会依頼の電話が掛ってくると、有能な秘書が夫人に電話して指示を仰いでいた。

森口教授は自分のことを〝教授夫人の夫〟と呼んでいたが、これは夫妻の関係を見事に表した言葉である。実際寿美夫人は、夫のスケジュールをすべて把握していたし、夫や秘書を通じて学科内のことをすべて知っていた。

別荘に呼ばれなかったヒラノ青年は、〝仕事以外のすべてを取り仕切っている夫人が、お気に入りの学生だけを呼んだのではないか〟と考えた。小さい別荘だし、合宿は大泉駅から別荘までの一キロ以上の山道を、バケツに入れた水を運ぶ重労働とセットになっていたから、呼ばれても大変だったと思われるが、呼んでもらえなかった青年は深く傷ついた。

〝もし自分が教授になったら（なれるとは思わないが）、全員呼ぶか誰も呼ばないかの二者択一〟。これが、この時心に刻んだことである。

後になって分かったことだが、これは不勉強な青年の思い過ごしだった。五時になると研究室から姿を消す青年には、合宿に関する情報が伝わらなかったのである（実際、その翌年には呼んで頂いたが大変だった）。

初仕事

夏休み後の第一回目のお茶の会のあと、教授は何も発表しないヒラノ青年に、一つの課題を与えた。ある統計学上の問題に関して、教授の予想が正しいかどうかを検証する仕事である。そこで一週間かけてプログラムを組み、そのあと一週間、計算機をだましながら計算を行い、更に一週間かけてレポートをまとめた。レポートを見た教授は、

「そうか、予想したとおりの結果だ。ありがとう」というねぎらいの言葉を掛けて下さった。しかし、そのあと次のように付け加えることを忘れなかった。

「この程度の仕事に、三週間もかかるようでは駄目だな。それに、このグラフの書き方は、エンジニアとしては落第だね」

たしかに言われる通りだった。しかし、大教授に「ありがとう」と言ってもらえたことは、大きな励みになった。

その後も何回か、「君はもっと勉強しなくてはダメだな」というお叱りを受けた。しかし東工大の某有力教授のように、「お前のような出来が悪いやつは、大学をやめてしまえ」だとか、「そんなことは、中学生でもわかるぞ」といった、若者を傷つける言葉を投げつけられるようなことは一度もなかった。

ヒラノ青年は、頭が良くて人柄がいい森口教授を崇拝かつ敬愛していた。〝何とかして、教授に気に入ってもらえるような修士論文を書きたい〟。もう迷っている時間はなかった。そこで、教授がいま最も力を入れている数値解析の研究に焦点を絞った。

このころの森口教授は、吉沢助手の協力のもとで、常微分方程式を計算機で解く際に発生する「丸め誤差（四捨五入を繰り返すことによって、誤差が累積する現象）」の研究に取り組んでいた。

お茶の会で、教授がこのテーマについて報告すると、伊理助教授が鋭いコメントを発する。

お茶の会は、学生の研究発表の場というよりは、森口・伊理両先生が丁々発止とやりあう場所になった。森口教授が問題を提起すると、伊理助教授がその場で鮮やかな回答を与えることもあった。ヒラノ青年は、最強コンビのやり取りに痺れた。当の森口教授も、伊理助教授の切れ味に痺れたようだった。

これらの研究結果の一部は、情報処理学会の『情報処理』という日本語ジャーナルに掲載された。しかし、いかに内容が優れていても、日本語論文を読むのは，わずかばかりの日本人だけである。

では森口教授は、なぜこの論文の英語版を、海外の一流ジャーナルに投稿しなかったのか。数式入りの英文論文の入力に手間が掛ること、この種の論文を掲載してくれるジャーナルが少ないこと、高額な掲載料を要求されること、掲載されるまでに時間が掛ること、そして〝ぼんくらな〟レフェリーとやり合うのが面倒なことなど、いろいろな理由が考えられる。

今であれば、教授は自分のホームページ上に、TeXで作成した英文論文をアップロードして優先権を確保し、その後ただちに専門誌に投稿する、という戦略を採用したはずだ。そうしていれば、この論文はより多くの人に引用されていただろう。

修士論文

一年目が終わるころ、学科の図書室で、二年前にジョージ・フォーサイス教授（スタンフォード大学）が著わした、『偏微分方程式の有限差分法による解法』を手に取ったヒラノ青年は、このテーマであればオリジナルな研究成果を出すことが出来るのではないか、と考えた。

これまでに齧った数値解析の本は、どれも簡単に読めるようなものではなかったが、この本は学部時代に習った偏微分方程式に関する初歩知識だけで十分理解できた。問題は、偏微分方程式を差分近似して得られる大規模な連立一次方程式を、いかに速く解くかに帰着されるからである。

この種の問題を解くための定番解法であるSOR法に対して、最近提案されたADI法を使うと二倍速く解ける。ところがその代償として、計算の安定性が損なわれると言う。もしADI法よりも速くて、安定した方法を考案することが出来れば、修士論文に繋がるはずだ。

修士課程二年目に入ると、森口研究室の構成は大きく変わった。研修期間を終えた庄子氏は鹿島建設に戻り、高瀬、丸山両氏は、それぞれ鹿島建設と富士通に就職した。代わりに修士課程に入ったのが、藤野浩二氏と（中学時代の同期生である）小林光夫氏の二人である。

お茶の会では、白貝、伏見両氏に加えて、ヒラノ青年も積極的に発表するようになった。また、卒論のテーマを大学院で継続する予定の藤野、小林両氏も、順番どおりに発表を行った。

博士課程三年目に入った白貝青年は、博士論文の仕上げに入っていた。森口教授は発表を聞くたびに、「今度はもっと実用的な話が聞きたいものだね」という言葉を発した。気が弱いヒラノ青年は、いつもハラハラしながら二人のやり取りを聞いていたが、（うれしいことに）夏休みを境に、白貝氏はお茶の会に出てこなくなった。

その代わりにこの人は、研究室で後輩を捕まえて、帰納論理学を駆使した「計算の数学理論」をぶち上げていた。しかし、役に立ちそうもない話を本気で聴こうとする人はいなかった。独演会が終わったあと、芸大にでも入れたと自称する美声の持ち主は、別棟にある図書室で、事務の女性たちとコーラスを楽しんでいた。

史上最高のアルバイト

夏休みに入る少し前に、日本で初の民間シンクタンク「電力中央研究所」の「計算機室」に勤める小野勝章氏が研究室に姿を現した。この人は森口研究室の八年先輩（伊理助教授の同期生）で、勤務先が大手町にあるため、時折大学に顔を出す〝白面の貴公子〟である。

通産省から有力企業に天下った父親を持ち、博士課程に進んでもおかしくなかったほど切れ味が鋭い小野青年は、この当時は森口教授の片腕として、あちこちの研究会で活躍していた。

「ヒラノ君。ちょっと頼みたいことがあるんだけど、話を聞いてもらえないかな」

「はい。どんなことでしょうか」

「この間モリグッチャンに聞いたんだけど、君は偏微分方程式の数値解法を研究しているそうだね」

「はあ」

「うちの技術研究所の畑野正さんから、ある偏微分方程式を解く仕事を頼まれたんだけど、うちのスタッフは手がふさがっているので、手伝ってくれる人を探しているんだ。君に引き受けてもらえると助かるんだけど、どうだろう」

かねて憧れていた小野先輩に頼まれたことに気を良くしたヒラノ青年は、数日後に「大手町ビル」にある計算機室で畑野博士の話を聞いた。

〝地震が来ると、貯水池に貯まっている水が振動する。この時、アーチダムの壁が水と連動してどのように振動するかを記述する偏微分方程式を導いたのだが、理論の正しさを検証するために、その方程式を解いた結果と、測定した振動データが一致するかどうかを調べたい。かなり厄介な計算になると思うが、小野君に聞いたところでは、君はこの種の計算の専門家だということなので、ぜひよろしくお願いしたい。計算機は（大手町ビルの隣にある）「三菱原子力」のIBM7090を使えるようにアレンジする。アルバイト代として（一カ月で終わろうが二カ月かかろうが）一〇万円を提供する――〟。

修士論文のテーマと直結する、どんぴしゃりの問題である。しかも一〇万円と言えば、大卒初任給の四倍を上回る大金である。世界最高速計算機IBM7090を好き放題に使っていい、というのも魅力的だ。

仕事を引き受けたヒラノ青年は、家庭教師の仕事を半分に減らして、この問題に取り組んだ。三カ月ほどかけて行った計算の結果は、実際の振動データと完全に一致した。依頼主の畑野博士、話をつないでくれた小野先輩、一〇万円を受け取ったヒラノ青年の三人は、大手町ビルのレストランで祝杯をあげた。

その後一カ月かけて書いた畑野博士との共著論文は、土木学会の論文誌に掲載され、生まれて初めての研究業績になった。アルバイト代を貰ってやった仕事だから、論文中に簡単な謝辞を入れるだけで済ませるのが普通のところ、畑野博士はヒラノ青年を〝共著者〟として扱ってくれたのである。

その後小野氏に勧められて、箱根で開かれたプログラミング・シンポジウムで研究発表を行った。自分では〝単なる計算〟に過ぎないと思っていたところ、意外にもシンポジウムに出席していた森口教授をはじめとする大御所たちの注目を集めた。これだけ大掛かりな計算報告は、当時としては珍しかったからである。

この結果、畑野・ヒラノ論文の中の計算に重点を置いたもう一編の論文が、山内二郎・森口繁一・一松信という三人の大御所が編集する『数値計算法Ⅱ』（培風館、一九六六）に採録されることが決まるのである。

〝一つで三度おいしい〟アルバイトは、修士論文の研究にもいい影響を及ぼした。暮れには当初予想した通り、ＡＤＩ法より二倍速い解法を構築することに成功した。

現在であれば、この結果を然るべき英文ジャーナルに投稿しただろう。またこの研究を継続していれば、さらに二倍速い方法を作ることができた可能性もある。そうなっていれば、この分野のプロなれたかもしれない。しかしヒラノ青年は、森口教授が納得する結果が得られたことだけで満足してしまった。

秋になって、帰って来ないはずだった大島助教授が、アメリカから戻ってきた。先に書いたとおり、近藤教授はこの人が目指していた「粉体の力学」を、完全に否定していた。

粉体というのは、砂やセメントのような粉状の物体のことで、「粉体の力学」はほとんど誰も取り上げなかった難しいテーマである。大島助教授は、何か突破口があると思ったのだろうが、結局うまくいかなかったのだ。

仕方なく日本に戻ったものの、第二講座のポストは、民間企業から招かれた井合毅講師でふさがっている。この結果大島助教授は、工学部の各学科の持ち回りになっている、「工学部総合試験所」の助教授ポストを割り当てられた。これは期限付きのポストで、任期が終わったあとは、数理工学コースが引きとらなくてはならない。

大島助教授は、数理工学コースが入っている工学部六号館とは別の建物の一室で、島流し生活を送っていた。キャンパスをとぼとぼ歩く大島助教授を見かけるたびに、ヒラノ青年は義憤を感じた。〝六号館には、部屋がいくつも余っているのに、なぜ別棟送りしなくてはならないのか〟。

しかし近藤教授にも、大島助教授を許せない事情があった。自分の忠告を聞き入れずにアメリカに留学したのはともかくとして、異例の研修期間延長願い。このような場合、工学部教授会の承認を受けなくてはならない。あちこちに頭を下げて、やっと認めてもらったが、誰かが替わりに講義や雑務を引き受けなくてはならない。

助手や大学院生に講義をやらせるわけにはいかない。そこでやむを得ず井合講師を招いた。もちろん大島助教授本人には、そのことを伝えておいた。それなのに、おめおめと帰って来るとは、何たることか。かくしてこの学科は、その後長きにわたって、大トラブルを抱え込むことになるのである。

森口教授の七つの教え

大教授の弟子は、職人の弟子がそうであるように、師匠のノウハウ（試行錯誤プロセスなど）を盗み取ることによって成長するものである。しかし、森口研究室で過ごした三年の間に、研究上のノウハウを盗み取ることは出来なかった。教授と接する時間が少なかったし、この人は問題が与えられると、たちまちそれを解決する最も効率的な方法を見つけ出してしまうからである。

その一方で、ヒラノ青年は教授から、エンジニアの心構えを教えて頂いた。

その一。納期を守ること。

森口教授は卒業式の際の訓辞で、「エンジニアは、納期さえ守っていればなんとかなるものだ。万一納期に間に合わない時には、そこまでに出来上がった結果を提示して、率直に詫びることだ」と言っていた。

その二。本は買って読むこと。コピーで学んだ知識は、脳みそに定着しないから（当時の〝青焼き〟コピーは、数年すると消えてしまった）。

教授の本音は、〝自分が書いた本をコピーされると、売れ行きが下がるから。もしくは、学科のコピー代支出が少なくて済むから〟だったかもしれない。

後年本を書くたびに、ヒラノ教授はこの言葉を思い出した。一〇〇〇時間以上かけて書いた教科書を、学生が二ページ一〇円でコピーするので、一時間当たりの収入は三〇〇円にもならなかった。

その三。索引のない本は読まないこと。索引のない本は書き流しが多いし、あとで参照しようと思っても、どこに何が書いてあるか分からないから。

実際森口教授が書いた本は、晩年のエッセイに至るまで索引がついていた。ヒラノ教授は索引がない本（たとえば、ヒラノ教授シリーズ）を書くたびに、森口教授に顔向けできないと思っていた。

その四。偉い学者の話は、たとえ言葉や内容が分からなくても、時間が許す限り聴きに行くこと（内容が分からなくても、そのオーラに接するだけでもプラスになるから）。

この教えに従ってヒラノ青年は、「最大値原理」で有名な盲目の大研究者ポントリャーギン教授や、「動的計画法」の創始者であるリチャード・ベルマン教授の声を聞くことができた。二人が発射するオーラは、ナイーブな青年に強烈なインパクトを与えた。

その五。小数点以下が間違っていても構わないが、けたを間違えるのはエンジニアの恥だ（桁を間違えると飛行機が飛ばない）。

その六。仲間の悪口は言わないこと。また仲間から頼まれたことは、極力引き受けること（エンジニアは持ちつ持たれつだから）。

その七。秘書を選ぶときや、お見合いで結婚相手を選ぶ時は、一人目の候補は見送ること。一〇人くらいの候補がいるとすれば、一人目、二人目は見送って、三人目以降でそれまで誰よりもいい人が現れたら、その人で手を打つのがいいという（二六歳のときに結婚した森口教授は、寿美夫人が三人目の相手だったのだろうか）。

これらの教えはエンジニアだけでなく、一般の人にも有用である。ヒラノ教授は五〇年にわたって、一、三、四、五、六を厳守したが、二は守れなかった。また秘書選びの際に、七番目の教えに違反して一人目で決めたために大失敗した。

8　森口研究室・大手町分室

虫がいい青年

修士課程を出たあと、富士製鉄に入社することになっていたヒラノ青年は、研究の面白みを知って迷いが生じた。会社に入れば、上司から与えられる仕事を、六か月単位で要領よくこなしていかなくてはならないという。中には、やりたくない仕事もあるだろう。やりたくないことばかりかもしれない。

暫く前に富士製鉄の広畑工場に勤める、二年先輩の上田氏を訪問したことがあった。もくもく煙を出している工場の一角にある、雑然としたオフィスで話を聞いたあと、駅前の飲み屋で上田氏は言った。

「君が来てくれればうれしいが、ここでは自分の好きな研究はできないよ。僕も学生時代は研究者志望だった。しかし父が病死したので、大学院に行くことはできなかった。会社に入ったあと、自分がやるべきことをやろうとして頑張ってみたが、一年も続かなかった。研究をやりたいのであれば、こんなところには来ないほうがいい」

上田先輩の話を聞いて、自分の決断が間違っていたことに気付いたが、アトの祭りである。〝奨学金を貰うにあたって、森口教授に推薦状を書いてもらった以上、いまさら行きたくないとは言えない〟。

こんなことで悩んでいた時に、電力中研の小野先輩から電話が掛ってきた。

「この間は大変お世話になりました」

「いい勉強をさせていただきました。あの仕事をやったおかげで、修士論文もうまくまとまりそうです」

「それは良かった。ところで、うちに来てくれる気はないかな」

「え？　電力中研に採用して頂けるんですか？」

「急にポストに空きができたんだよ。畑野さんからは、あのあともいろいろ仕事を頼まれているので、君が来てくれると助かるんだ」

「それは願ってもないことですが、しばらく考えさせて下さい」

この後ヒラノ青年は、三日三晩考え続けた。そして決断した。〝ここは森口教授にお願いして、富士製鉄を断ってもらおう。教授がノーと言えば、その時は諦めよう〟。

翌朝ヒラノ青年はアポイントメントを取った。

「実は数日前に、電力中研の小野さんから電話がありました。私を採用して下さると言うことでした」

「その話は小野君から聞いている」

「そうですか。先生もご存じの通り、僕は修士を出たあとは、富士鉄に就職する約束になっています。しかし、僕は子供のころから、研究者になりたいと思っていました。学部時代には、その能力はないと思って諦めていましたが、最近になってやはり研究者として生きたいという思いが強くなりました」

「分かった。そんなことだろうと思ったよ。この件は私に任せなさい。近日中に富士鉄に行ってお断りしてくるよ」

「お願いできますか。このご恩は一生忘れません」

二日後、ヒラノ青年は森口教授から呼び出された。

「昨日富士鉄本社で人事部長の武田常務に面会して、了解を貰ってきた。先方は、残念だが仕方がないと言っていた。奨学金は返さなくてもいいということだったが、今後のことを考えれば、お返ししておいた方がいいだろう」

森口教授は、出来が良くない学生のために、多忙なスケジュールの合間を縫って、先方に出向いて下さったのだ。これからあともヒラノ青年は、森口教授に何回も窮地を救って頂くことになるのであるが、これが一生の分かれ道だった。

武田常務としては、東大工学部の有力教授が直々にやって来たとなれば、ノーとは言いにくい。〝この程度のことで有力教授とことを構えるより、ここで貸しを作って、のちのち取り返すとしよう〟。武田常務（のちの社長）は、こう考えたのだろう。

実際この時森口教授は、「なるべく早くいい学生さんをご紹介ください」と依頼された可能性がある。この三年後に、修士課程を終えた市瀬国興氏が富士鉄への入社を決めた時、森口教授は「おー。行ってくれるかね」と言って相好を崩したそうだ。

余談であるが、富士鉄に就職した応用物理学科出身のエースたちは、文系上位、冶金工学出身者上位の企業カルチャーの中で苦労したようである。数年後には何人かの卒業生が、学科事務室に対して、学生を富士鉄に送り込まないよう申し入れたということだ。

学部を卒業した時、完全に自信喪失していたヒラノ青年は、二年間のモラトリアム生活の間に、少しばかり元気を取り戻した。博士コースには入れてもらえなかったが、電力中研に入れば、自由な研究時間が保証されるはずだった。

電力中研の「計算機室」には、（大恩人の）小野先輩のほかに、もう一人の森口研の先輩・中川友康氏が勤めていた。この人は、豊作と言われた二つ上の学年で、一～二を争う秀才である。

中川氏の話を聞くと、この研究所は電力会社から委託された研究テーマだけでなく、自分のやりたい研究もできると言う。電力会社の業務は多岐にわたる。したがって、およそ研究と名のつくものであれば、〝将来電力事業に役立つはずの研究〟と申告すると、パスするのである。

両先輩は、電力会社のための仕事より、自分の好きなテーマに多くの時間を割いていた。自分の好きなテーマとは、大学院時代に研究していた「線形計画法」や「微分方程式の数値解法」の研究である。恐らく二人とも、何年かのちに博士論文をまとめて、博士号を取得した暁には、大学に転出しようと目論んでいるのではなかろうか。

〝なるべく早くいいテーマを見つけて博士論文を書き、少年時代以来の夢である大学教授を目指そう〟。この時ヒラノ青年はこう考えていた。

伏見青年は、予定通り白貝青年に入れ替わる形で博士課程に進学した。では森口教授と折り合いが悪かった白貝青年はどうなったか。

森口教授は、白貝青年の博士論文を全く評価しなかった。しかし、役に立たない論文でも、一定のオリジナリティがあれば、博士号を出さざるを得ない。出すことは出したものの、森口教授は（近藤教授と違って）この人を然るべき大学に押し込むようなことはしなかった。

森口教授は、信頼できると判断した人には、それに見合うサポートを与えた。しかしそうではない人を粉飾して、一流のポストに潜り込ませるようなことは〝絶対に〟やらない人である。一方世の中には、優秀でもない人を、強引に系列の大学に押し込もうとする教授もいる。評判が悪くなるのを承知で、このようなことをやるのは、それに見合うリターン（学会における権力など）が得られるからである。

しかし、世の中には〝ポストが人を作る〟という言葉があるように、たとえぼんくらでも、いいポストを与えられると、頑張って偉くなる人もいる。もし森口教授がこの戦略を採用していれば、森口帝国はより強固なものになっていただろう。

〝白貝君は頭がいいが他人の意見に耳を貸さないから、就職先で問題を起こす可能性がある。このような人を知り合いに斡旋すれば、自分の見識が問われる〟。これが森口教授の考えだった。かくして白貝博士は、新設された「東大大型計算センター」の助手ポストで我慢せざるを得なかった。

近藤教授のもとで博士号を取った伊理、甘利両氏は、直ちに九州大学の講師という一級ポストについた。また森口研究室でも、博士号がない二人の助手が、二～三年の任期を終えたあと、国立大学の講師、助教授になっている。

これに対して、森口帝国の第一号博士であるにも拘わらず、このような二級ポストしか与えられなかったことに、白貝青年は大憤慨していた。

一方、森口教授にも言い分はある（教授自身が言ったわけではないが）。〝助手は自分の仕事を手伝ってくれる同志である。一方、博士を育てるには時間と手間が掛るうえに、自分の仕事のプラスにはならない。つまり、教授と助手の関係はギブ・アンド・テイクであるのに対して、博士との関係はギブ・アンド・ギブだ〟。

実際この時代の文部省は、学部の付け足し的存在である大学院教育に対して、十分な資金的・人的援助を行わなかったので、博士育成は教授の持ち出しだったのである。博士教育に熱心でなかったのは、森口教授だけではない。近藤教授も朝香教授もそうだった（近藤教授のもとで博士号を取った人は、伊理、甘利両氏のほかに何人いただろうか）。

高橋実室長

電力中研の理事長は、戦後の電気事業再編の立役者である「電力の鬼」こと松永安左エ門翁である。この時松永翁は、すでに満九〇歳を超えていた。所員の間では、「ここは翁の隠居所として作られた研究所だから、翁が死んだあとは、いつ潰されてもおかしくない」と囁かれていた。

明日死ぬかもしれない老人と、運命を共にするのはいかがなものかと思ったが、「九〇歳の老人でも、平均余命は三年くらいあるんだよ。電力会社はオジイチャンの死後も、二〜三年は手をつけないから、一〇年くらいは大丈夫さ」という小野先輩の言葉を聞いたヒラノ青年は、なるべく早くいい研究成果を上げて、潰れる前に逃げ出そうと考えていた。

ところが、この目論見は見事に外れた。当初の約束と違って、「計算機室」ではなく「大手町研究所」の「原子力発電研究室」で、三高時代に森口教授と主席を争ったという怪人物、高橋実室長のアシスタントを務めることになったからである。

原子力発電は、電気工学、機械工学、応用化学、物理学などにまたがる総合技術である。電気にも機械にも向かないので、〝その他もろもろ工学科〟に逃げ込んだ男に取って、悪夢としか言いようがない事態である。

この件について森口教授に報告に参上した時、教授は怪訝な表情で言った。

「小野君からは、ダムの振動計算のような仕事をやってもらう予定だと聞いていたんだがねぇ。高橋君は一体君に何を期待しているのかな」

「いまのところ特にやってもらいたいことはない、と言っていました」

「ふーん。ちょっと心配だな。しかし、彼はアイディアマンだから、暫くの間付き合ってみてもいいのではないかな」

〝しばらくの間ということは、あまり長くは付き合わない方がいい、という意味ではなかろうか〟。

計算機室には小野、中川両先輩をはじめ、計算機科学やORの研究者が一〇人ほどいる。一方、大手町研究所には、そのような研究をしている人は一人もいない。いるのは経済学者と原子力発電の専門家、そして電力会社から逃げ出して（追い出されて？）来た、何が専門なのか分からない人たちである。

電気工学出身の高橋室長は、「原子力産業会議」を舞台に、原子力発電推進の論陣を張る大物である。仕事を頼もうと思っていた技術研究所の畑野博士は、大物の傘下に入った若者には声をかけにくかったせいか、中川先輩に仕事を委託していた。

入所する前は、「いまのところやってもらいたいことはない」と言っていたにもかかわらず、室長からは〝原子力発電所に飛行機が墜落した時、原子炉が暴走する確率の計算〟といった、どこから手をつけたらいいのか分からない難問が降ってきた。どうすればいいか分からずに困っていたところにもう一発。

「君はノアの方舟の話を知っているかね」

「大洪水が起こった時に、羊や鶏を小舟に積んで逃げ出した話ですか」

「それそれ。最近僕は、なぜあのような大洪水が起こったのかを解明する〝氷惑星理論〟を組み立てたんだよ。その理論を検証するためには、ある微分方程式を解く必要があるんだが、暇な時に手伝ってくれないかな」

こんな話付き合うと、取り返しがつかないことになると考えたヒラノ青年は、小野先輩になるべく早く計算機室にコンバートしてほしいと申し入れたが、新しいポストがつくまで我慢してくれと言うばかりである。

ところがその後しばらくして、森口研究室の二年後輩である伊倉一孝氏が、計算機室に採用されることが決まった。小野氏に事情を問いただすと、高橋室長が移籍を拒否したからだと言う。困ったことにヒラノ青年は、高橋室長に気に入られてしまったのである。

高橋氏は一〇年後の一九七五年に、〝三〇〇〇年の周期で地球に接近する「天体M」から、六〇〇京トンの水塊が降って来たため大洪水が起こり、海面が一〇〇〇メートル上昇した〟という〝氷惑星理論〟をもとに、原書房から『灼熱の氷惑星』という本を出版しているが、この本は一〇〇万部に迫るベストセラーになったということだ。

よくある〝トンデモ理論〟の一つかと言えば、そうでもないらしい。この本には、東大電気工学科教授が推薦文を寄せているし、最近になってノアの方舟の痕跡が発見されるに及んで、再評価されているということである。なお高橋氏は、この印税で自宅を新築したということだ（もしこのあとも、高橋室長のアシスタントを務めていたら、ヒラノ青年はどのような人生を送っていただろうか）。

困ったことはこれだけではなかった。もう一人の上司である三木良平氏が、本人には無断でヒラノ青年を日本原子力学会の「高速増殖炉専門委員会」の書記に据えてしまったのである。学会の専門委員会は、その道のプロが集まるところで、書記の任務は、委員たちの議論をまとめた文書を作ることである。ド素人にこのような仕事を任せるとは、プログラム相談員以上のトンデモない話である。

これらの仕事の合間に、数値解析や線形計画法の本を漫然と読んで暮らす青年にとって、博士号取得は夢のまた夢だった。

その一方で、電力中研の大手町部門には、このあと毎年のように森口研究室ＯＢが入所し、ピーク時には総勢七人の大部隊になった。この結果、大手町部門はさながら、「森口研究室・大手町分室」のような観を呈するようになったのである。

なお七人中の四人は後に大学に転出し、二人は独立してソフトウェアハウスを立ち上げた。そして最後まで研究所に留まった七人目は、電力中研の専務理事（七〇〇人の研究員を統括する実質的な研究所長）になった。

9　スタンフォード大学

森口教授の推薦状

　ここに思いがけないことが起こる。中部電力から送り込まれた清水新所長が、高度経済成長に連動して増加した研究費の使い道として、海外留学制度をスタートさせたのである。

　大手町研究所の主流は、電力需要予測を行う計量経済学者集団である。当初は二人のエコノミストが派遣されるはずだったが、そのうちの一人が家庭の事情で辞退したため、ヒラノ青年にお鉢が廻って来た。もし計算機室への移籍が実現していたら、絶対に巡って来なかったチャンスである（この結果、氷惑星問題、高速増殖炉問題などはチャラになった）。

　留学が確定したあとヒラノ青年は、アメリカ事情に詳しい森口教授に相談に出かけた。

「折角の機会なので、ＯＲか数値解析を勉強したいと思います。どこの大学がよろしいでしょうか」

「そういうことであれば、スタンフォードがいいのではないかな。あそこなら何人か知り合いがいるから、推薦状を書いてあげよう」

　教授の話によれば、スタンフォードは三年前に計算機科学科を、また一年前にはＯＲ学科をスタートさせたという。

留学の際に重要なのは、高校以来の学業成績、TOEFL（英語）の成績、GRE（Graduate Record Examination）の成績、そして国際的に名前が通っている研究者の推薦状である。〝学業成績はともかく、森口教授はどのような推薦状を書いてくれるだろうか〟。少々心配したがこれは杞憂だった。教授が見せてくれた推薦状には、次のようなことが書いてあった。

〝応用物理学科の数理工学コースに進学するのは、教養課程五五〇人中、上位一〇〇位に入る成績を収めた学生である。ヒラノ君の成績は、数理工学コースでベストスリーに入っている。具体的数字を示すと、学部時代の成績は、六〇単位がA（優）、九単位がB（良）、三単位がC（可）で、修士時代の成績は二四単位すべてがAである〟。この文章に嘘や誇張はない（ただし数理工学コースには、九人の学生しかいなかったが）。

アメリカの大学では、三分の一くらいの学生にしかAを付けない。このスタンダードからすれば、驚くべき好成績である。〝お荷物学生にしては、成績が良すぎないか〟と疑問に思われる読者のために、少々説明を加えよう。

当時の東大工学部では、授業に出席して試験前に二～三週間勉強すれば、Aを取ることができた。また、学部の付属物と位置付けられていた大学院では、学期末に簡単なレポートを提出すれば、Aを取ることができたのである。

九人中一番の伏見青年の学部時代の成績は、六六単位がA、六単位がB、そして修士時代の成績は二四単位すべてAだった。大秀才とお荷物学生の間に、あまり違いがないように見えるが、実際にはそうではない。

ヒラノ青年は八〇点ぎりぎりのA。これに対して、伏見青年はほとんどの科目で九〇点以上取ったのではなかろうか。アメリカの大学では、抜群の成績を取った学生に、Aプラスという評点を与える。伏見青年のAのかなりの部分は、Aプラスだったのである。

なぜ半世紀も前の、他人の成績を詳しく知っているのか。それは同期生の一人である竹山協三・中央大学名誉教授が、大学院時代に古参助手から渡された、工学部学生四〇〇人の成績一覧表を保存していたからである。

森口教授はこの推薦状を本人に見せたあと、手紙に封をした。〝推薦状とはこういう風に書くものか〟。

数学分野で受験したGREでは、学生時代に使った教科書などを読み返したおかげで、上位〇・二％（偏差値で言えば七五）という好成績だった。これに、森口教授の推薦状が加われば、入れてもらえるだろうと思ったが、結果は〝一年待ち〟だった。応募時期が遅かったので、定員はすべて埋まっていたのである。

スタンフォードと同時に応募したマサチューセッツ工科大学（MIT）とバークレーも、同じ理由で不合格。仕方なくＵＣＬＡ（カリフォルニア大学ロサンゼルス校）の数学科に留学を決めたところで、再び神風が吹いた。ベトナム戦争が泥沼化する中で、二人の学生が徴兵されて定員に空きが出たため、補欠だったヒラノ青年が繰り上げ合格になったのである。

ＯＲ学科

スタンフォード大学は、数理科学の世界では一九五〇年代以来、東海岸のプリンストン大学に比肩する有力校だった。ヤコブ・マルシャク、ケネス・アロー、ハーバート・スカーフ、レオナード・ハービッツ、宇沢弘文などの一流研究者が集まった研究施設「セラ・ハウス」は、数理経済学、ゲーム理論、在庫管理理論などの分野で、数々の画期的成果を生み出した。

また、ヘルマン・チャーノフ、チャールズ・シュタインなどを擁する統計学科も、東海岸のコロンビア大学と双璧だと言われていた。

ＯＲというのは、確率過程論／統計学から派生した確率モデル（在庫管理理論、待ち行列理論、信頼性理論、マルコフ決定理論など）と、数学／工学／経済学から派生した決定論的モデル（線形計画法、ネットワーク・フロー理論、非線形計画法、動的計画法など）を研究する学問で、スタンフォードは確率モデルの研究では、五〇年代以来世界ナンバーワンとみられていた。

この実績をベースに、一九六五年に「大学院ＯＲプログラム」をスタートさせたところ、とびきり優秀な学生たちが集まってきた。折から一流ビジネス・スクールでは、「カーネギー財団」の勧告を受けて、ORに代表される数理的・定量的手法を重視する傾向が強まっていた。このため、ORプログラムで博士号を取得した学生は、全米のビジネス・スクールから引っ張りだこになった。

この成功に後押しされた大学が、ORプログラムを正式な学科に昇格させたのは、一年前の一九六七年である。この時看板教授として招かれたのが、ケネス・アロー（経済学）、ジョージ・ダンツィク（線形計画法）、ルドルフ・カルマン（制御理論）の三教授である。

線形計画法の生みの親であるダンツィク教授は、この学科のかなめだった。学外の機関から獲得する研究費は、年間ざっと五〇万ドル（当時の為替レートで一億八千万円。ヒラノ青年の月給が三万円に届かなかった時代である）。ダンツィク教授は、この学科の年間経費一〇〇万ドルの半分を稼ぎ出していたのである。

これほど多くの研究費が集まったのは、産業界や公共組織で線形計画法が広く利用され、組織の効率的運営に貢献していたからである（この当時、科学技術計算のほぼ四分の一は、線形計画法関連のものだったという報告もある）。

OR学科の一〇人の専任教授のうち、八人はユダヤ系だった。統計学科、数学科、物理学科、そしてOR学科の前年に設立されたコンピュータ・サイエンス学科も、教授の半数以上がユダヤ系だった。

スタンフォードに到着したヒラノ青年は、さっそくOR学科主任のジェラルド・リーバーマン教授にあいさつに出かけた。この人は統計学からORに転じた人で、森口教授のコロンビア大学客員教授時代以来の友人である。

「去年モリグチ君がここに立ち寄った時に、いい学生がいたら紹介してほしいと頼んでおいたんだが、早々と優秀な学生を推薦してくれたので、とても嬉しく思っている。スタッフ一同君には期待しているので、頑張ってくれたまえ。ところで、モリグチ君は最近どんな研究をやっているのかね」

「計算機プログラミングと数値解析が中心です」

「ORをやっていると思っていたのに、残念だな」

「森口先生は有能なので、いろいろな仕事が降ってくるのです」

「僕はコロンビア大学時代に、同じ研究室をシェアしていたんだが、彼はケネス・アローと同じくらい頭がいい」

ケネス・アローと言えば、二〇代の若さで「一般不可能性定理」を証明して、数理科学／社会科学の世界に革命をもたらした大学者である（この人は一九七二年にノーベル経済学賞を受賞している）。ヒラノ青年が繰り上げ合格になったのは、ユダヤ人教授たちが、森口教授が推薦した男なら間違いないと思ったからだろう。

アメリカの詰め込み教育

この後ヒラノ青年は、ダンツィク教授に面会した。森口教授より二つ年上の「線形計画法の父」は、この時五四歳。まさに円熟の境地にあった。ユダヤ人特有の大きな鼻の下にちょび髭を生やしたダンツィク教授は、思ったより小柄な人だった。

「はじめまして。ヒラノです。森口教授の手紙をお預かりしてきました。これからよろしくお願いいいたします」

「モリグチ君は元気か」

「はい。仕事が多くて忙しそうです」

ダンツィク教授は一〇年ほど前に、森口教授のアレンジで、日本各地でセミナーを開いたことがある。この時ダンツィク教授は、「モリグチは（創始者である）私より線形計画法に詳しい」と周囲に漏らしたということである。

「早速ですが、博士論文の指導をお願いします」

「そんなに慌てるな。論文指導教官が決まるのは、資格試験をパスしてからだよ」

一〇倍近い競争をくぐり抜けて、この学科に入学許可された学生は、ＭＩＴやカリフォルニア工科大学などの有力校で、トップクラスの成績を収めた秀才である。もちろん彼らは、GRＥでも好成績を収めたはずだ。

しかし、出身学科は数学、電気工学、航空工学、経済学などバラバラである。そこで、まずＯＲに関する基本的知識を習得させ、十分な知識を獲得した学生だけに博士論文を書く資格を与える、という仕組みである。

ＯＲの基本知識を習得するためには、数学や統計学の知識が必要である。普通の学生は、一年目にこれらの基礎科目を、二年目にＯＲのコア科目を履修したあと、二年目の終わりに、決定論的モデルと確率論的モデルに関する各五時間の筆記試験を受ける。

不合格になった学生には、退学勧告が出る。素質がない学生には、早く退出してもらった方が学科のためであり、本人のためでもあるというロジックである。不合格になれば、森口教授の顔に泥を塗ることになる。かくしてヒラノ青年は、毎日一四時間の猛勉強に明け暮れることになった。

東大工学部の学部教育は、アメリカの大学よりレベルが高かったが、大学院教育は手抜きだった。一方アメリカの大学院教育は、コースワーク（講義と宿題）で学生を徹底的にしごく〝詰め込み教育〟だった。その実態については、『工学部ヒラノ教授の青春』（青土社、二〇一四）に詳しく書いたので、そちらを参照して頂くことにしよう。

詰め込み教育について伊理助教授は言っていた。「博士課程の学生を宿題で縛るのは感心しない。学生の独創性を伸ばすためには、自由にやらせた方がいい」と。しかしこれは、伊理助教授のような大秀才だけで、普通の学生には当てはまらない。

オリジナルな研究を行うためには、それまでに分かっていることを、体系的に履修しておくことが肝要である。そしてそのためには、よく練られた教科書を使った、講義と宿題の組み合わせが最も効果的なのである。

日本では原則として、同一学科で類似の研究をやっている教授はいない。教授たちは互いに同僚の領空を侵犯しないのが、不文律になっているのである。ところがスタンフォードには、同じ学科に類似の研究をやっている何人もの教授がいた。

彼らの協力によって、より研究成果が上がりやすくなることもあれば、競争によって人間関係が悪化することもある。悪くなった時は、弱者が別の大学に移籍する（あるレベル以上の人であれば、移籍先はいくらでもある）。アメリカの大学の生産性の高さは、この協力・競争・流動性システムが機能しているからである。

合計一〇時間に及ぶ資格試験に合格したのは、一九七〇年四月である。東工大時代の同僚である白川浩博士は、勉強ばかりしていたため、湾岸戦争が起こったことを一週間以上知らなかったが、ヒラノ青年はこのころ全米が「アポロ13号事件」で沸き返っていたことを知らなかった（知ったのは、二五年後に『アポロ13号』という映画を見た時である）。

森口教授vs白貝客員研究員

留学二年目に入って間もなく、白貝茂夫博士がスタンフォードにやってきた。捨てる神あれば拾う神あり。人工知能の権威であるジョン・マッカーシー教授に博士論文を評価され、同教授が所長を務める「人工知能研究所」に客員研究員として、一年の任期で招かれたのである。

白貝博士は、東大の大型計算センター助手という二級ポストから脱け出し、京都大学の「数理解析研究所」という、センター・オブ・エクサレンスの助教授に就任したばかりだった。

博士課程時代の白貝青年は、フラストレーションの塊だった。〝役には立つが、つまらない仕事ばかりやっている森口教授は、私の重要な研究を評価してくれない――〟。

スタンフォードに招かれた白貝助教授は、反・森口の姿勢を崩していなかった。しかしかつてに比べれば、その発言はマイルドだった。「数理解析研究所」の助教授という、第一級のポストを手にした上に、マッカーシー教授に招待されて、森口教授や伊理助教授を見返すことができた、と思っていたからではなかろうか。マイルドになった白貝助教授は、博士号取得を目指して頑張っている、森口帝国のかつての〝難民〟を激励してくれた。

その後しばらくして、森口教授が文部省の依頼で、情報処理教育視察のため、スタンフォードを訪問することになった。連絡を受けたヒラノ青年は、計算機科学科の数人のスタッフのアポイントメントを取った。そして森口教授にお伴したあと、自宅に招いておもてなしすることにした。

〝白貝夫妻を招くべきか、招かざるべきか〟。いかに反・森口の白貝助教授といえども、夫人同伴の席で問題を起こすことはないだろうと考えたが、結局白貝夫妻ではなく、客員として経済学部に滞在していた佐和隆光助教授（京都大学）を招くことにした。ヒラノ青年より二つ年下のこの人は、竹内啓教授門下の、計量経済学・統計学の若手エースである。

事件が起こったのはその翌日である。サンフランシスコ空港に教授を見送りに行ったヒラノ青年は、そこに白貝夫妻の姿を発見して胸騒ぎを覚えた。はじめのうち和やかに言葉を交わしていた二人は、最終搭乗アナウンスのあと、急に雰囲気が変わった。

「君はいまどのような研究をやっているのですか」

「博士論文の続きです」

「その後あの研究はどうなっていますか」

「残念ながら、まだ実用レベルには届いていませんが、スタンフォードではこの種の研究の重要性が認められています」

「そうですか。君の研究が、ライン川の中州に取り残されたお城のようにならないことを願いたいものですね」

白貝助教授の研究は、結局は何の役にも立たなかった虚しい研究になる、いやすでにそうなっているという意味だろうか。棘のある言葉に仰天したヒラノ青年は、白貝助教授の言葉を聞いて凍りついた。

「私の研究がラインの古城になるかどうか、先生にご心配いただく必要はありません。それよりも私は、先生がこれから先、アメリカでも評価される研究成果を上げられることを願っています」

森口教授は米国留学時代に、統計学の分野で〝日本にモリグーティあり〟と讃えられる研究業績を上げた。しかし日本に戻ってからは、数値解析に関する何編かの日本語論文を書いただけで、国際的に評価される英文論文を書かなかった。論文を書かない森口教授は、アメリカでは、もはや統計学者でもＯＲ学者でもなかったのである。

白貝助教授の痛烈な言葉に、森口教授はたじろいだようだったが、一言も発することなく機上の人となった。二人が言葉を交わしたのは、おそらくこれが最後だったのではなかろうか。

憂鬱な事件を紹介したところで、口直しとして元気が出る話を一つ。

情報処理教育視察団は、森口教授と東北大学の助教授、通産省のお役人の三人からなっていた。三人は午前に二人、午後に二人の計算機科学科スタッフから聞き取り調査を行ったあとホテルに戻り、記憶が鮮明なうちに森口教授が調査結果をテープに吹き込む。

夜のうちに役人が、テープをもとにして文章を起こす。翌朝調査に出かける前に、教授が朱を入れる。翌日もおなじことの繰り返しである。三つの大学を廻ったあと、帰りの機中でさらに少々手を加えれば、調査報告の第一バージョンが出来上がる。つまり日本に戻った時には、数十ページの調査報告書はほとんど完成しているのである。

〝工学部の教え七カ条〟（詳細は『工学部ヒラノ教授』（新潮文庫、二〇一三）を参照して頂きたい）の第七条にある通り、工学部には〝拙速を旨とすべきこと〟という教えがある。

森口教授は、卒業式のあとの学科主任訓辞の中で、次のようなことを言っていた。

「これから社会に出る諸君に、はなむけの言葉を贈ろう。君たちが第一に心すべきことは、納期を守ることである。エンジニアは、納期さえ守っていれば、どうにかなるものだ」と。

沢山仕事を抱えている時、すべてを完璧にやろうとすると、納期に間に合わなくなる。そこで制限時間内に、とりあえず九七％を仕上げる。残りの三％は後で時間があるときに補足する（仕事というものは、一般に最後の三％を詰めるのに時間が掛るものである）。

もちろん中には、一〇〇％完璧を期さなければならない仕事はある。しかし大方の仕事は、九七％仕上がっていれば大目に見てもらえる。クレームがついたら、その時に補正すればいい。これが〝描速原則〟が意味するところである。

完璧な視察報告書を書きあげるには、三〇時間くらいかかるところ、森口方式に従えば、一〇時間で九七％の報告書が出来上がる。そもそも官庁報告書のようなものを細部まで読む人は、それほど多くない。大方の人は、九七％で十分満足してくれるのである。

大学に勤めるようになってから、ヒラノ教授が雑務地獄を切り抜けることが出来たのは、この原則に従ったおかげである。

10　スーパースターたち

天才たち

スタンフォードでは、数々の優秀な学生に出会ったが、その中で傑出していたのが、ＯＲ学科の二年先輩であるマイケル・ハリソンと、計算機科学科の同期生であるリチャード・ブレントである。この二人は正真正銘の天才だった。

マイケル・ハリソン（後のスタンフォード大学教授）は、〝ファイナンス理論の金字塔〟と呼ばれる大定理を証明した功績で、ＯＲにおける最高の賞である「フォン・ノイマン賞」を受賞している（ひところは、同じＯＲ学科の後輩であるデビッド・クレプス教授とともに、ノーベル経済学賞の有力候補だと言われていた）。頭が良く、人柄もいいところは、森口教授とよく似ていた。

オーストラリア出身のリチャード・ブレントは、『微係数を使用しない関数の最小化法』というタイトルの博士論文が、そのままアカデミック・プレス社から単行本として出版され、二〇代半ばに世界的名声を獲得した。

ダンツィク教授のティーチング・アシスタントを務めていた時に、宿題の採点を巡ってやりあって以来、何度かこの人と言葉を交わしたが、剃刀のような切れ味は、若いころの伊理・竹内両教授を彷彿させた。なおブレントは、スタンフォードを卒業した後直ちに母校・オーストラリア国立大学の教授に迎えられ、四〇歳の若さで学長に選出されている。

この外にも、トーマス・マグナンティ（MIT教授）、マーティン・プターマン（ブリティッシュ・コロンビア大学教授）など、後に一家をなす多くの秀才がいた。しかし、数理的才能に関して言えば、ハリソンとブレント以外は、六〇年代初めに数理工学コースに集まった人たちとあまり違わなかったような気がする。

数理工学コースで九人中三番だったヒラノ青年が、スタンフォードの同期生一五人の中で資格試験の成績が三番だったことが示すように、数理工学の仲間ならやすやすとこの壁をクリアして、三年以内に博士号を取っていただろう。

三年の留学期間中に、OR学科のケネス・アロー（数理経済学）、ルドルフ・カルマン（制御理論）、ジョージ・ダンツィク（数理計画法）、計算機科学科のドナルド・クヌース（有限数学）、ジーン・ゴラブ（数値解析）、ジェームス・ウィルキンソン（数値解析）、ビジネス・スクールのロバート・ウィルソン（ゲーム理論）、統計学科のチャールズ・シュタイン（確率過程論）教授など、各界の第一人者の講義を受講する機会に恵まれた。

日本の大学にも、これらの人たちに劣らない才能の持ち主はいた。日本と違うのは、優秀な人を一か所に集めて、協力・競合させることである。

森口教授は、自分の力だけでは解決できそうもないない問題に出会ったときには、同僚の伊理助教授、和田英一助教授、高橋秀俊教授（物理学科）などに相談していたようだが、スタンフォードには、ウォーキング・ディスタンスに、研究領域がオーバーラップする世界第一級の研究者が揃っているのである。ランチタイムにファカルティ・クラブを訪れれば、ノーベル賞級の研究者が談笑している。また車で一時間先のバークレーにも、第一人者が揃っている。

たとえば、計算機科学科のドナルド・クヌース教授は、スタンフォードの同僚や学生だけでなく、バークレーのリチャード・カープ教授などを自宅に招いて、定期的にセミナーを開いていた（二人とも、計算機科学のノーベル賞と言われるチューリング賞を受賞した天才である）。

ヒラノ老人は、いまでも時折考える。もし（これらの人と同じくらい頭がいい）森口教授がアメリカに留まって、ノーベル賞級の研究者と協力・競争していたら、どうなっていただろうかと。

留学後もアメリカに留まり、世界的業績を挙げた日本人は大勢いる。利根川進（生化学）、根岸英一（化学）、南部陽一郎（物理学）、広中平祐（数学）など、ノーベル賞やフィールズ賞の受賞者。エンジニアの中にも、滞米中に世界的な業績を上げた人は大勢いる。小林久志教授（プリンストン大学）、金出武雄教授（カーネギー・メロン大学）など。

アメリカの大学で仕事をしていれば、森口、伊理両教授も、これらの人たちと遜色ない研究業績を上げたのではなかろうか。しかしそうなっていれば、日本の産業界や数理工学の発展は、大幅に遅れただろう。

Publish or Perish

若手の助教授は、論文書きに全力投球していた。一定数の論文を書かない助教授は、三年ないし六年で解雇されるからである。一方、テニュア（終身在職権）を獲得した准教授と正教授は、沢山の論文を書かなくても解雇される心配はないが、昇給ストップや、講義負担増などのペナルティが課せられる。

大学からは、九カ月分の給料しか出ないから、残りの三カ月分は、自分で稼がなくてはならない。夏休み中も研究を続けたい人は、然るべき大学に雇ってもらうか、国からの研究費を獲得して、その中から自分の給料を払ってもらうしかない。研究費を獲得するには、コンスタントに論文を書き続けなくてはならないから、全力で研究に取り組むのである。

一九七〇年代初めのアメリカの大学には、〝Publish or Perish（論文を書かざる者は去れ）〟という言葉が定着していた。一流大学で博士号を取得した若者の中で、論文生産レースに勝ち残って、一流大学でテニュアを手に入れるのは、三人に一人くらいである

一九六〇年代初めには、海の向こうの出来事だった論文生産競争は、一九七〇年代半ばになると日本にも押し寄せてきた。レフェリー付きの専門ジャーナルに掲載された（英文）論文以

外は、研究業績とは認められない時代がやってきたのである。

　なかなか結果が出ないが、もう少し頑張ってみるか。それとも潔く撤退して別の問題に取り組むか。誰かに先回りされたことが分かった時、それまでの努力を無駄にしないためには、どうすればいいのか。レフェリーからダメを出された場合、何らかの工夫を施すことによって、審査をくぐり抜けることはできないか。大幅改訂の要求が出た時、その指示に従うべきか、それとも別のジャーナルに投稿し直すべきか、などなど。

　時にはレフェリーに酷評されて、研究を継続する意欲をなくすこともある。このような時に、いかにして苦境を乗り越えるか。これは各人が経験を積み重ねることによって、徐々にノウハウを蓄積していくのであるが、学生時代にそのイロハを学んでおけば、その後の研究生活に大きな力になる。

　すでに書いたとおり、森口教授は余り多くの論文を書かなかった。そのカルチャーを受け継いだ学生たちも、余り多くの論文を書かなかった。このため、研究者を目指す学生たちは、論文を書くノウハウを学ぶ機会がなかった（ヒラノ青年が論文書きのノウハウを身につけたのは、三〇代後半にアメリカの大学で出稽古生活を送った時である）。

ジョージ・ダンツィク教授：森口教授の師

小豆島に生まれた神童は、中学・高校・大学で周囲を寄せ付けない成績を上げ、その後も向かうところ敵なしの快進撃を続けた。このような人は、えてして天狗になりがちであるが、そうならなかったのは、もともと性格が良かったうえに、良き師、良き友、良き仲間に恵まれたからだろう。

森口教授の師としては、航空力学では守屋富次郎教授（東大）、数理統計学ではハロルド・ホテリング教授（ノースカロライナ大学）、統計的品質管理ではウィリアム・デミング博士（アメリカ国勢調査局、ニューヨーク大学）、ＯＲ（線形計画法）ではジョージ・ダンツィク教授（スタンフォード大学）、そして数理工学全般に関しては、山内二郎教授（東大）などを上げることができる。

ここではヒラノ教授の師でもある、ダンツィク教授について紹介することにしよう。

森口教授より二つ年上のダンツィク教授は、カリフォルニア大学バークレー校で、統計学の博士号を取得したあと、軍関係の研究機関に就職した。そして三三歳の時（一九四七年）に、物資輸送問題を線形計画問題として定式化し、その解法である「単体法」を考案した。

この後、空軍傘下のシンクタンク「ランド・コーポレーション」で、線形計画法にかかわる約四〇編の論文を書いた。これらの論文は、線形計画法の数学理論だけでなく、具体的な問題への応用、大型問題の特殊構造を生かした効率的数値解法、より難しい問題への適用可能性などをカバーするもので、森口教授の〝役に立つ研究〟原則に完全に合致するものだった。留学に関する相談に伺った時に、森口教授が「あの人のところであれば間違いない」と断言したのは、役に立たない理論研究に首を突っ込んで、才能を浪費することはない、と確信していたからである。

一九六〇年に、カリフォルニア大学バークレー校の教授に転じたダンツィク博士は、その七年後の一九六七年にスタンフォード大学に移籍した。

スタンフォードが一九六〇年代に入って大発展を遂げたのは、世界各地から有力教授を破格の条件で呼び集めたためである。給料はもちろん、住宅、年金、保険などのフリンジベネフィットが、有力教授を引き抜く際の重要な条件になる。

ダンツィク教授は、朝九時過ぎに研究室にやってきて、週二回の七五分講義と週一回のゼミ、そして週一回ランチタイムに開かれる学科会議以外は、五時過ぎまで研究室で過ごす。学科運営にかかわる雑用は、リーバーマン学科主任が、有能な秘書の協力のもとで一手に引き受けていた。

大教授だから公的な仕事や、来客の応対といった雑用がないわけではない。しかし森口教授のように、毎日毎日政府の審議会、学会の委員会、企業の研修会などに引っ張り出されることはない。ワシントンやニューヨークから遠く離れた場所にある大学の教授は、このような仕事は〝たまにしか〟降ってこないのである（アメリカの有力大学の多くは、僻地にある）。

教授たちは研究・教育に全力投球していた。講義をやらずに単位を出す教授がいる日本の大学とは大違いである。ヒラノ青年は、三年間にほぼ一〇〇〇回の講義を受けたが、休講は二回しかなかった。

また日本では当たり前の、（時給三〇〇〇円の）非常勤講師による片手間講義も皆無だった。教授がサバティカル休暇などで、長期にわたって大学を空けるときは、しかるべき大学からしかるべき教授を、正当な対価を払って客員教授として招き、代役を務めてもらうのである。

堤未果氏の『沈みゆく大国アメリカ』（集英社新書、二〇一四）によれば、アメリカの大学も最近は非常勤講師だらけだということだが、それは三流大学の話だろう。

ダンツィク教授は売れっ子であるにもかかわらず、（近藤一夫教授のように）学期中はほとんどの時間を研究室で過ごしていた。これは、指導を受ける学生にとって、とてもありがたいことだった。ヒラノ青年は、資格試験に合格したあと、毎週一時間以上ダンツィク教授の個人指導を受けた。

目先がきく学生たちは、「ダンツィク教授は線形計画法の外に出ようとしない。あの人はもう終わった」と批判していた。また研究者の間では、線形計画法は行きつくところまで行った、という閉塞感が漂っていた。

しかし、ダンツィク教授の考えは違った。〝これから先、より大規模な線形計画問題を解かなくてはならない時代がやってくる。そのためには、単体法を一層改善する必要がある〟。こう考えたダンツィク教授は、「システム最適化ラボラトリー」を設立し、一騎当千の研究者を招いて、単体法の効率化に取り組んでいた。

十数年に及ぶ努力は、思うような成果につながらなかった。ところが、一九八四年になって思いがけないことが起こる。「AT&Tベル研究所」に勤めるナレンドラ・カーマーカー博士が、単体法より一〇〇倍速い「内点法」を発表して以来、単体法も大幅に改良され、線形計画法は新時代を迎えるのである。

超大型問題が解けるようになったおかげで、線形計画法の応用範囲も劇的に拡大された（このあたりのことについては、『ヒラノ教授の線形計画法物語』（岩波書店、二〇一四）に詳しく書いたので、詳細は割愛させていただく）。

この結果ダンツィク教授は、「線形計画法の父」から「数理計画法の父」を経て、最晩年には「二〇世紀のラグランジュ」と呼ばれるようになるのである（ラグランジュは「一七世紀最大の数学者」である）。

11　工学博士号

正市民と難民

ＯＲの博士号と、統計学の修士号をダブル取得したヒラノ青年は、一九七一年九月に日本に戻った。博士号を取ることが出来たのは、数々の幸運に恵まれたおかげである。

第一の幸運は、留学した時期がやや遅かった（一六人の同期生の中で、二番目に歳を取っていた）が、遅すぎなかったことである。三〇の大台を超えていたら、毎日一四時間の勉強を、三年にわたって続けることはできなかったかもしれない。一方もし修士課程を卒業したあとすぐに留学していたら、実力不足のため、三年で博士号を取ることは出来なかっただろう。

第二の幸運は、森口教授の推薦状のおかげで、ユダヤ人教授たちから、準ユダヤ人待遇を受けたことである。実力主義のアメリカでも、教授の六割がユダヤ人だと言われるスタンフォードでは、ユダヤ人が陰に陽に優遇されているのである（留学から帰った後も、ダンツィク・ファミリーの一員として、アメリカの学界を支配するユダヤ人研究者集団から準ユダヤ人待遇を受けた）。

博士論文を携えて研究室を訪れたヒラノ青年を、森口教授は心から祝福して下さった。推薦状を書いたものの、教授はうまくやるかどうか心配していたに違いない。

「おかげさまで、ぎりぎりで博士号が取れました」

「ダンツィクさんは、君の博士論文は理論と応用のバランスが取れていると言っていたよ」

「あの方法では、実用規模の問題は解けませんが、これから改良を施せば、いずれ解けるようになると思います」

実のところを言えば、博士論文には少々怪しい部分があったのだが、すぐに修復できるだろうと思っていた。

この後ヒラノ青年は、近藤教授の助手を務める、同期生の伊達惇氏のオフィスを訪れた。

「この間アメリカから戻りました」

「博士号が取れたんだってね」

「ぎりぎりで何とか」

「良かったね。僕は助手になってからそろそろ六年になるが、まだなんだよ。コンチャンが停年になるまでに間に合わせようと思っていたんだけど、難しそうだ」

「それは大変だね。近藤さんの停年はいつだっけ」

「来年の三月」

「そうか。その後はどうするの」

「甘利さんが引き継いでくれればいいんだけど、そのあたりはよくわからない」

数理工学コースは、この数年前に学生定員が二〇名に増員された。これに伴って、教官組織も二講座から五講座に増えた。新たに加わったのが、かつての「計測工学コース」の朝香鉄一教授の後任である奥野忠一教授／広津千尋助教授と、南雲仁一教授／甘利俊一助教授らである。甘利博士は、近藤教授のもとで博士号を取ったあと、九州大学に講師として招かれ、その数年後に東大に戻って、南雲教授の講座の助教授になった。

近藤教授が停年退官したあと、教授ポストに就いたのは、大島助教授より六つ年下の伊理助教授だった。これは大島助教授に対して、〝よその大学に転出せよ〟というシグナルである（この人は最後まで東大に留まったが、教授に昇進したのは五〇代半ばである）。

近藤教授の置き土産は、伊達青年だけではなかった。もう一人の助手である川井青年も、博士号を貰えないまま捨て子された。

教授たるものは、退官するまでに自分の助手に博士号を取らせて、就職先を斡旋する。これが工学部の不文律である。助手を放り出したままやめられると、その処遇を巡って学科全体が迷惑を被るからである。

高齢助手の面倒を誰が見るのか。川井青年の仕事を全く評価していない伊理教授は、はじめからノーである。甘利助教授も、伊理教授がダメを出している以上、博士号を出すわけにはいかない。

大教授の悩ましい問題

伊理助教授が教授に昇進したあと、埼玉大学の伏見助教授が、森口教授の講座の助教授として呼び戻された。この人以外にはいないという極めて順当な人事であるが、ヒラノ青年はいささか不安を覚えた。森口教授が退官したあと、伊理、甘利という二人の大物が発射する放射線を浴びて苦労するのではないか、と。

伊理教授は森口教授以来の大秀才で、甘利助教授も伊理教授と並び称される秀才である。たとえて言えば、長嶋茂雄と王貞治が全盛期を迎えた巨人軍に入団するルーキーのようなものである。このような環境で、非の打ちどころがない紳士は、自分がやりたいようやれるだろうか。

森口教授の講座には、近藤教授の講座のようなドロドロした問題はなかった。しかし、間もなく停年を迎える森口教授も、悩ましい問題を抱えていた。かつての助手や、修士課程を出たあと国や企業の研究機関に勤めた人たちの中に、まだ博士号を取っていない人が何人もいたからである（森口教授自身も博士号を取ったのは、教授に昇進する直前の三八歳のときである）。

七〇年代に入ると、国立大学の工学部では博士号がなければ、教授はもとより助教授にすらなれない時代がやってきた。また企業の研究者も、海外機関との共同研究に参加する際に、博士号を持っていないと不利になるケースが増えた。

森口教授は最も優秀な学生を助手に採用し、彼らの協力のもとで実務的仕事に取り組んだ。これらの人は、数年後に然るべき大学の講師・助教授ポストを手に入れた。しかし、その中の何人かは、博士論文を完成させることができないまま歳を取った。

一旦学外に去った人が「論文博士」になるためには、「課程博士」を上回るレベルの論文を書かなくてはならない。森口教授の言葉を使えば、〝五人の審査員のすべてが、十分に納得する大きな成果〟が求められるのである。

毎年一編程度のレフェリー付き論文を発表していれば、それらを編集することによって、一〇年以内に博士論文をまとめることができる。レフェリーの審査を経た論文が七～八編あれば、審査員は〝博士号を受ける資格がある〟と見做してくれるのである。

しかし、あまり論文を書かない教授のもとで育った学生には、多くの論文を書くインセンティブがない。その上工学部の教官は、教育・雑務のほかに、外部から依頼される仕事が多いから、自分の研究は後廻しになる。

たとえ博士号がなくても、四〇歳を超えた研究者は、学界で一定のステータスを手に入れる。こうなると、いい加減な論文を書くわけにはいかない。そうこうするうちに、博士号を取るチャンスを逃してしまうのである。かようなわけで、森口門下には若くして有力大学の助教授ポストに就いたものの、博士号がないために、教授昇進が遅れている人が何人もいたのである。

博士論文が提出されると、主査になる教授がその内容をチェックする。内容に疑義がある時には、書き直しを求める（修正しても審査をパスしそうもないと判断した時には、お引き取り願う）。博士号に値する論文だと判断すれば、五人のメンバーからなる審査委員会が設置される。

二〜三ヶ月後に「予備審査会」が開催され、審査委員が論文について質問を行う（ここが審査の最難関である）。著者はここでの要求をもとに、書き直しを行う。審査委員会のＯＫが出ると、誰でも意見を述べることができる「公聴会」が開かれる。ここで疑義が出なければ、審査委員による最終口頭試問を経て、博士号授与が決まる。

このプロセスには最低でも半年、長ければ一年以上かかる。〝停年に間に合うように、弟子たちが早目に論文を提出してくれればいいが、彼らは出しても通らないと思っているふしがある。実際、自分がＯＫだと判断しても、近藤教授の厳格さを受け継いだ伊理教授がノーと言うかもしれない〟。

折から、理工系大学拡充の動きは最終段階を迎えていた。数年後には、企業の研究者が大学教官ポストを手に入れる機会は激減するだろう。要領がいい人は、自分が退任したあと、適当な教授（たとえば伊理教授や伏見教授）に審査を依頼するだろうが、そうでない人もいる。博士号がない中高年研究者を弟子に持つ森口教授の悩みは深かったのである。

一方の伊理教授は、（近藤教授や森口教授と違って）在任中に多くの博士を育てている。後に「シャノン賞」という大きな賞を受賞する韓太舜教授（電気通信大学）によれば、伊理教授の指導は苛烈を極めたという。そのおかげで、伊理教授のもとからは、三人の東大教授をはじめ、二ダース近い一流大学教授が生まれた（一方森口門下からも、二人の東大教授と一ダースを超える一流大学教授が生まれたが、伊理、甘利両教授に匹敵する大研究者は育たなかった）。

またこの人は、近藤教授の置き土産である伊達助手や、朝香教授が放り出した冨沢信明氏などの指導を引き受け、博士号を出している（伊達助手は後に北海道大学教授に、冨沢博士は後に新潟大学教授になっている）。

学生の自主性に任せた近藤教授や、全く放任した朝香教授とは大違いである。後日博士を育てて見て、それがいかに大変な仕事であるかを知ったヒラノ教授は、ますます伊理教授に頭が上がらなくなった。

森口教授と筑波大学

電力中研の松永理事長は、一九七一年六月に九五歳で大往生を遂げた。ヒラノ青年が博士論文を書き終えた直後である。残念ながら、翁の没後も三年くらいは安泰だろうという小野氏の予想は外れた。電力会社は一年もしないうちに、電力中研の抜本的改革に乗り出してきたのである。その影響が最も強く表れたのが、かねて十分な成果を上げていないと批判されてきた「経済研究所」（「大手町研究所」を改組したもの）である。

電力会社の意向を受けた外山所長（元日銀調査部長）は、「これからは、電力会社の役に立つ調査に集中せよ」と檄を飛ばした。これは、「この研究所に理工系研究者は不要だ」というのと同義語だった。

調査を行えば、教科書や解説記事は書けるかもしれない。しかし理工系コミュニティーでは、この種の活動は研究業績としてカウントされない。計算機室に移籍すれば研究を継続できるはずだが、その可能性は小さい。ヒラノ青年は、室長と折り合いが悪い小野氏の一の子分と見做されていたからである。

〝研究所ならぬ調査所で暮らすのは虚しい。しかし、留学させてもらった恩義があるから、もうしばらくはやめるわけにいかない――〟。

こんなところに、東京教育大学の西村敏男教授から電話が掛って来た。この人は、数学基礎論から計算機科学に転身した数学者グループの取りまとめ役的存在である。

「突然ですが、来年四月から筑波大学に来てもらえませんか。担当するのは情報処理科目です。しかし、これは一時的な措置で、三年後に情報学類（計算機科学科）がスタートすれば、君の専門であるORを担当してもらうことになっています。もし来てくれる気があれば、一週間以内に返事をください。なおこの件については、森口先生の御了解をいただいています」

筑波大学は、東京教育大学を改組して作られた「新構想大学」である。〝新構想〟が意味するところは、

・講座制を廃止することによって、教授—助教授—助手という閉鎖的構造を取り除くこと
・助手というポストを廃止して、教員（この大学では教官ではなく、教員という言葉が使われていた）はすべて講師以上とすること
・学部長や学科長に強力な権限を与えて、一般教員には研究と教育に専念できるような体制を作ること
・教員は学系という研究組織に所属し、学類という教育組織に出向いて教育を行うこと

などである。一言で言えば、アメリカ式の国立大学を作ろうという話である。

講座制や助手制度の弊害については、思いあたることがたくさんあった。因みに、六〇年代末の東大紛争は、医学部の（無給）助手の待遇改善運動が発端となったものである。工学部には無給助手はいなかったが、教授の召使い、あるいは雑用専門の助手はあちこちにいた。

森口教授の助手を務める吉沢氏は、一人前の研究者として処遇されていた。一方、X教授の助手は完全なる雑用係だった。雑用をやらされても、就職先を斡旋してくれるならまだいい。

川井助手のように、雑用ばかりやらされた挙句置き去りにされたら、目も当てられない。

また近藤教授vs大島助教授の対立は、教授が助教授の研究に干渉したのが原因だし、森口教授vs白貝青年のミスマッチも、ひとたびX研究室に所属した学生は、Y研究室には移籍しにくい講座制が招いたことである。

担当科目が、学生時代から敬遠してきた情報処理（計算機科学）であることは気になるが、三年我慢すればORを担当することになるわけだし、それより何より日本で初めての〝アメリカ式国立大学〟を作る、というグランド・プロジェクトに参加するのは、男子一生の仕事である。新構想大学にスタンフォード大学のイメージを重ねたヒラノ青年は、研究所には申し訳ないと思いつつ、筑波大学に移ることを決断した。

予想通り外山所長は、身勝手な退職願いに激怒した。あわや懲戒免職になるところだったが、その寸前にウィーンに新設された「国際応用システム分析研究所（IIASA）」から招聘状が舞い込んだ。

このことを知った森口教授（たまたま日本IIASA委員会の委員を務めていた）の、〝世界的な研究所に招かれるような人物を懲戒処分するのは、電力中研にとってプラスにならないだろう〟という説得（恫喝？）のおかげで、外山所長は処分を撤回せざるを得なくなった（何と運がいいことでしょう）。

筑波に移籍した直後にご挨拶に伺った時、森口教授は、「これからは君も僕らの仲間だ」と言って、東大正門前の「万定」で、高級カレーライスをご馳走して下さった。あとになって分かったことだが、ヒラノ青年を西村教授に売り込んでくれたのは、森口教授だったのである。

ここだけの話

米・ソ両国のリーダーシップのもとで、東西各八カ国が参加して作られたIIASAには、ハワード・ライファ教授（卒論を書く際にお世話になった、ゲーム理論の本の著者）、ジョージ・ダンツィク教授（スタンフォード大学）、チャリング・クープマンス教授（イェール大学経済学部）、ウォルフ・ヘッフェレ教授（カールスルーエ高速増殖炉研究センター長）をはじめとする、国際一級の研究者が集まっていた。

また世界各国の一流研究者が、ウィーン観光を兼ねてこの研究所を訪れ、セミナーで講演を行った。ケネス・アロー、ハーバート・サイモン、レオニート・カントロビッチ、ロイド・シャプレー（いずれもノーベル賞受賞者）などなど。

また日本からも、森口、伊理両教授をはじめ、山内二郎（慶大）、槌木義一（京大）、刀根薫（埼玉大）、宇沢弘文（東大）などの大物教授が、入れ替わり立ち替わり訪れた。

意外だったのは、これが伊理教授にとって初めての海外出張だったことである。六〇年代初めから、アメリカでも名前を知られていた伊理教授の名声を決定づけたのは、一九六八年にアカデミック・プレス社から出した、『ネットワーク・フロー、輸送、スケジューリング理論』というタイトルの本である（この本は、スタンフォードでも評判になっていた）。

助教授時代の伊理博士は、アメリカの大学や学会から、何回となく講演を依頼されたはずだが、近藤教授の意向を忖度して、これらの招待を受けなかった。もし伊理博士が森口教授のように、若いうちにアメリカで出稽古していれば、〝日本にアイリあり〟と讃えられたのではなかろうか。これほどの才能を、四二歳になるまで日本に閉じ込めた近藤教授の責任は重い。

伊理教授が、近藤教授に気兼ねしていたことを示す逸話をもう一つ。同じ学科の和田英一助教授が、フォルクスワーゲンで通勤しているのを見かけた近藤教授が、「助教授風情が自家用車で通勤するなどもってのほか」と批判したため、近藤教授の目が届かない遥か彼方に国産車を駐車していたそうだ。

ところが当の近藤教授は、五〇代に入って電撃結婚してから君子豹変して、車で通勤していた。もしこの人が、森口教授同様アメリカに留学していれば、親米教授になっていたかもしれない。

森口教授がウィーンを訪れたのは、ＩＩＡＳＡ委員会の委員を退任するにあたって、（古くからの知り合いである）ライファ所長を表敬訪問するためである。ヒラノ助教授は一日半にわたって、ここぞとばかりサービスに務めた。昼の部はウィーン市内観光、夜の部は国民歌劇場の『フィガロの結婚』鑑賞など。

ヒラノ青年はそれまで、森口教授と〝雑談〟なるものを交わしたことは一度もなかった。特別な用事もないのに、多忙な教授に言葉をかけて、貴重な時間を盗むことなどあってはならない、と思っていたからである。

研究室でお目にかかるときには、聡明な秘書がしっかり話を聞いているし、学会の集まりや各種委員会でも、誰かが耳をそばだてているから、不用意な発言はできない。また教授も、自分の言葉が重みを持っていることを熟知しているから、軽々しく発言するわけにはいかないのである。

しかし、一日半にわたって二人だけで過ごすとなれば、公式発言を繰り返しているだけでは間が持たない。国立オペラ座の近所の「カフェ・モーツァルト」でコーヒーとザッハトルテを注文したあと、スケッチブックを広げた森口教授との雑談は、思いがけない幸運を運んできた。

「きのうの『フィガロの結婚』はとても面白かった。女房にも見せたかったよ」

「先生の奥様は、宝塚のファンでしたね」

「この間娘のお伴でドイツに行ったので、今回は見合わせることにしたんだ」

「それは残念でしたね」

「話は変わるが、君もそろそろ博士論文を提出してみてはどうかね」

「博士論文ですか？　出しても通して頂けないと思っていましたが」

「このところ、伊理君も少し物分かりが良くなったので、状況は変わった。提出する気があれば、なるべく早くしてくれたまえ。僕はあと二年半で停年になるので、来年中に出してもらえれば間に合うんだがね。君の場合は、スタンフォードの博士論文があるから、それをベースにしてまとめれば、通るのではないかな」

「分かりました。大至急でまとめます」

スタンフォードの博士号を持っているのに、なぜ森口教授は博士号取得を勧めたのか。それは文部省が長い間、アメリカの博士号を、日本の博士号と同等のものと認めなかったからである。日本の博士号は、しっかりした研究業績に与えるものであるのに対して、アメリカの博士号は玉石混交だからというのがその理由である。

確かにアメリカには、お金さえ払えば修士号や博士号を出してくれる、〝Diploma mill（博士工場）〟と呼ばれるインチキ大学があるし、三流大学の博士論文の中にはいい加減な物が多い。だから、アメリカの博士号を持っていても、日本の大学（工学部）では教授にして貰えないこともありうる。森口教授は、このあたりのことを心配して下さったのである。

〝三年に一人〟基準を満たさなかった青年にとって、森口教授から工学博士号を頂くことは特別な意味を持っていた。この機会を逃したら、一生後悔するだろうと思ったヒラノ助教授は、半年かけて論文をまとめ、一九七六年のはじめに森口教授に提出した。審査をパスしたのは、一九七六年の秋、森口教授が停年退職する半年前である。

森口教授に論文提出を促された人が何人いたかは知らない。しかし、停年までに間に合った人は少なかったようである。もし伊理教授が一〜二年早く教授になっていれば、もう何人か救われた人がいたのではなかろうか。

12　停年退官

新構想大学

理想の大学になるはずだった筑波大学は、最初の一〇年間はひどい大学だった（いかにひどかったかは、『工学部ヒラノ助教授の敗戦』（青土社、二〇一二）で詳しく書いた）。研究と教育に集中できるはずだった助教授は、一九七五年から約七年間、教育と雑用まみれの生活を送った。

新設大学には慣行というものがないから、すべてを一から決めなくてはならない。したがって、はじめのうち雑用が多いのはやむを得ない（戦後間もなく応用数学科が設立された時、最年少の森口助教授は、ヒラノ助教授並みに忙しかったはずだが、その間もしっかり研究していたのだからすごい）。

しかし、三年後に情報学類（計算機科学科）がスタートすれば、一般教育・情報処理担当助教授から、情報学類のOR担当助教授にコンバートしてもらえることになっていた。

筑波大学情報学類は、総勢四四人のスタッフからなる、日本最大の計算機科学科である。しかもその中身は、スタンフォード、マサチューセッツ工科大学（MIT）、カーネギー・メロンなど、アメリカを代表とする計算機科学科と同様、ソフトウェア中心の学科になるはずだった。

このような組織のまとめ役が務まる人は限られる。出来ることなら、この学科がスタートする一九七七年三月に東大を停年退官する森口教授において願いたい。これがヒラノ助教授の願いであり、筑波の情報処理教育の責任者を務める西村教授の願いでもあった。

一九七六年の秋、ヒラノ助教授は筑波大学のドン・福田信之副学長の命を受け、同僚の斎藤信男助教授とともに、森口教授の研究室を訪れた。

「お忙しいところ恐縮です。今日は先生にお願いしたいことがあって伺いました。電話でお話ししました通り、来年四月に情報学類が創設されることになっています。つきましては、情報学類長をお引き受けいただけないでしょうか。これは福田副学長や西村教授の意向でもあります」

「急に言われても即答できないが、もう少し具体的なことを聞かせてもらえないかね」

この後二人は、一時間にわたって森口教授の質問に答えた。大教授のことだから、すでにあちこちの大学からオファーが来ていたはずだが、教授は前向きに検討して下さるということだった。

ところが、このあと想定外のことが起こる。問題の人物・白貝茂夫京都大学助教授が、情報学類の第一号教授に就任することが決まったのである。

西村教授は、森口教授の学類長就任をプロモートしている人である。一方、専門分野から言えば、白貝助教授に近い人である。白貝助教授の研究は、実務重視の人たちから役に立たない研究と批判されたが、数学系の人たちからは一定の評価を受けていた。

その証拠に白貝助教授はこの当時、国際ジャーナル『Theoretical Computer Science』誌の編集委員を務めていた（一流国際ジャーナルの編集委員を務める日本人ソフトウェア科学者は、ヒラノ助教授が知る限り白貝助教授だけだった）。

ソフトウェア科学界の大御所と、その一番弟子の確執を知らない人はいない。したがって、いかに白貝助教授の研究に親近感を持っていたとしても、西村人事委員長がこの人事をプロモートしたとは考えにくい。

考えられるのは、あまりにも有能な森口教授に反感を持つグループが、文部省から天下った山中教授経由で、人事委員会に〝反・森口の急先鋒〟である白貝助教授を推薦したことである。

その他の委員は、ソフトウェア科学のプロではないから、山中教授が〝傑出した研究業績〟を持つと称する白貝助教授を強力に推薦すれば、山中提案を支持するだろう。西村委員長は、やむを得ずこれを黙認した――。これがヒラノ助教授の推理である。〝こうなった以上、森口教授が筑波に来ることはあり得ない。むしろ来ない方がいい〟。

この事実をお伝えした時、森口教授は「本気で私を迎えるつもりがあるのなら、重要な人事については事前に相談があってしかるべきではないか」と、福田副学長と西村教授を批判した。

このあと教授は、健康がすぐれない（教授は狭心症を患っていた）、家内が反対している（これも事実だろう）などを理由に、学類長就任に難色を示した。かくして森口人事は頓挫し、東大化学科を停年退職した〝バンバルン博士〟こと、島内武彦教授が学類長に就任した。

森口教授が情報学類長就任を断ったのは、白貝教授の件が障害になったこともあるが、それがなくても断っていただろう。森口教授のような売れっ子教授には、あちこちから声が掛かる。停年が六五歳の国立大学、七〇歳の私立大学、企業の研究所長、各種財団法人の理事長、エトセトラ。

これら多くのオプションがある中で、停年まで三年しかない上に、自宅から三時間以上かかる筑波大学に多少なりとも関心を示して下さったのは、情報学類が日本のソフトウェア科学の中心地になる可能性を秘めていたからだろう（ヒラノ青年を筑波に推薦したのは、後日この大学に移った場合の布石だった可能性もある）。

ところが、文部省の代弁者である山中教授や、その周辺の人たちにとって、森口教授は望ましくない人物だった。山中教授グループは、大量のデータを計算機の中にうまく格納し、それを効率的に取り出すための「データ・ベース」の研究を、筑波における最優先課題にしたいと考えていた。

一方、統計学やORの専門家である森口教授は、〝モデル・ベースなきデータ・ベースは砂上の楼閣だ。それにデータを格納するためのメモリーはきわめて高価だから、その種の研究は時期尚早だ〟と考えていた。

森口教授は東大の大型計算センターや、大学院情報工学専攻の運営においても、文部省路線に忠実な化学系グループと対立していた。ところが白貝助教授は、森口批判の先頭に立つ化学グループのリーダー・猪木利夫助教授（東大化学科）と手を握ったのである。

〝筑波に行けば厄介な仕事が多い。狭心症を患っていることを考えれば、あまり無理な仕事はやりたくないし、大学まで片道三時間の通勤は辛い。宿舎を用意してもらっても、陸の孤島生活などまっぴらごめんだ。それに白貝、山中教授らとやり合わなくてはならないのは面倒だ。また三年後に停年退職したあと、新しい勤め先を探さなくてはならない。ここは断った方が賢明だ――〟。

この判断は正しかった。同じく心臓に問題を抱えていた島内教授は、東大電気工学科を停年退官したあと、第三学群長（工学部長）に就任したモンスター教授にいたぶられたためか、停年退職後間もなく心筋梗塞で亡くなった。島内教授の葬儀に参列したヒラノ助教授は、つくづく〝森口教授でなくてよかった〟と思ったのでした。

森口教授の最終講義

工学部教授が停年退職する際には、「最終講義」を行うのが慣例になっている。講義の内容は、在職中に自分がやった仕事の中で、特に重要ものを紹介するケースが多い。ここには、門下生をはじめ、先輩、後輩、同僚などが顔をそろえる。そして、教授の〝遺言〟を聞いたあとパーティーを開き、長年の苦労を慰労するのである。

その日、工学部九号館の大教室には、二〇〇人以上の人が集まっていた。現役時代の森口教授は、多くの分野で仕事をした。初期の航空力学に始まり、応用力学、数理統計学、品質管理、OR、計算機プログラミング、数値解析などの研究。計算センターの運営、大学院情報工学専攻の設立と運営、工学部評議員などの学内業務。そして多種多様な企業との共同研究。

ヒラノ青年は、森口教授がどれだけの時間をORや数値解析に割くのかと考えながら、登壇を待った。ところが教授は、統計学にも、ORにも、計算機プログラミングにも、そして数値解析についても全く触れなかった。すべての時間は、若いころの応用力学の研究に充当されたのである。

確かにこれは素晴らしい研究である。しかしなぜ教授は、その他の分野について何も語らなかったのか。考えられる理由は、次の二つである。

一つは、それ以外のテーマ、たとえば計算機プログラミングについて語れば、すべてについて語らなければならない。そうしなければ、自分の研究テーマに触れてもらえなかった仲間や学生を失望させるからである。〝制限時間内にすべてのテーマをカバーすることはできない。であるならば、誰とも関係がない分野について語る方が賢明ではないか――〟。

もう一つの理由は、応用力学以外のテーマについては、語るべきものがなかったことである。森口教授は多くの〝役に立つ仕事〟をやった。しかしその大半は、アメリカで生まれた新技術を日本に導入する仕事だった。教授は自分に課せられた使命を達成すると、次のテーマにシフトした。

森口教授は数理統計学、品質管理、ＯＲ、計算機プログラミング、数値解析の第一人者と呼ばれた。しかしそれらの仕事は、後からやってきたエンジニアによって〝上書き〟された。そしてパソコン上で推敲を施したあと、元の原稿が消えてしまうように、教授の業績は消えてしまった。消失しなかったのは、応用力学の研究だけだった――。

ヒラノ教授は前者であることを願った。そして思った。もしそうだとしても、自分であれば、たとえ言葉は少なくても、すべてについて何かを語っただろう、と。そうすれば、仲間や弟子たちは自分がやったことが、教授にとっても意味のあることだったことを知って安心するだろう、と。

この原稿を書くために調べて分かったのは、教授は最終講義とは別に、統計学と情報科学に関する特別講義を行っていたという事実である。つまり前者が正しかったわけだが、三回の講義に出席する時間がなかった弟子は、短くてもいいから、最終講義ですべてについて触れてもらいたかったと思っている。

伊理教授の最終講義

これに対して、一六年後の一九九三年に行われた伊理教授の最終講義は、森口教授とは全く趣が異なるものだった。

伊理教授は、研究者として超一流だっただけでなく、事務能力も平均的事務官より遥かに優れていた。助教授を務めた室田一雄博士（現東大教授）によれば、学科会議でいつ何が議論され、どのような結論になったかは、伊理教授に聞けば直ちに分かったという。

東工大の人文社会群にも吉田夏彦教授という、学科会議の内容を正確に記憶している博覧強記の大教授がいたが、エンジニアである伊理教授は、内部記憶装置（つまり脳みそ）だけでなく、外部記憶装置も併用していたから、その情報は哲学者である吉田教授より正確だったはずだ。

九〇年代半ばに、野口悠紀雄教授（一橋大学）の『「超」整理法』が一世を風靡したが、伊理教授の情報整理法はその上を行くものだったらしい。

伊理教授の記憶力と情報整理力の凄さを実感したのは、「カーマーカー特許裁判」でルーセント・テクノロジー社（AT&Tベル研究所の後身）と戦ったときである。カーマーカー法は、一七年前にロシアのディキン博士が発表したものと瓜二つだった。つまりカーマーカー法には、特許付与の第一条件である〝新規性〟がないのである（このことは、カーマーカー以外のすべての専門家が認めている事実である)。

ところがルーセント社は、(古くから実務家の間でよく知られている)ある工夫が施されているので、同じものではないと主張した。数学のことは何も知らない東大法学部出身の裁判官は、その工夫が昔から知られていることを示す証拠文書を示せ、とのたまう。

ところが余りにも当たり前の工夫なので、どこを探しても、証拠文献は見つからなかった。困ったヒラノ教授は伊理教授に相談した。するとその数日後、証拠文書が見つかったという電話が掛ってきた。何と二〇年近く前に発行された、テキサス・インスツルメント社の電卓の使用マニュアルに、その事実が記載されていたのである。

これによってヒラノ教授は、裁判には負けたものの、カーマーカー特許を消滅させることに成功した。昔々のマニュアルに記載されていることを突き止めた、伊理教授の情報整理力に改めて驚嘆した次第である。

事務能力、情報整理能力があるのがいいことなのかと言えば、そうとは限らない。伊理教授は、スーパー雑務係である工学部長職を楽々とこなしたのが災いして、停年直前に有馬朗人学長(物理学科)に副学長職を押しつけられて苦労したようだ。(とかく問題が多い)有馬学長のしりぬぐい役より、自分が学長になった方が楽だったし、東大のためにもよかったのではなかろうか。

学長にならなかったのは、優秀すぎて警戒されたためだというのがもっぱらの噂だったが、それを裏付けるかのように、有馬学長の後任は、大風呂敷で人がいい吉川弘之工学部長（機械工学）だった。

話題を伊理教授の最終講義に戻そう。若いころの応用幾何学、電気回路網理論から始まり、数値解析、ネットワーク・フロー理論、マトロイド理論、計算幾何学など、それまでに手掛けたあらゆる研究について、五時間（！）にわたって語ったのである。

その白眉は、四〇〇編に及ぶ発表論文数を時系列的に折れ線で示し、「停年数年前から増勢が鈍ったのは、管理職業務に時間を取られたせいである」と述べたあと、「研究者の業績を論文数で測るのはバカげたことです。しかし、それがバカげていると言えるためには、沢山の論文を書くことが必要なのです」という発言である。

これは正論である。今では論文の数ではなく、他の研究者にどれだけ多く引用されたかで、論文の質を測るのが当たり前になったが、この当時は論文数で評価する以外の方法はなかったのである。

五時間という常識外れの長さに、辟易させられた聴衆が多かったと思われるが、すべての弟子たちを安心させるために、敢えてそうしたのではないだろうか。

13　遅咲きの大スター

位人臣を極めた森口教授

六〇歳で東大を停年退官した森口教授は、数人の教え子が勤める電気通信大学に移った。〝ここであれば、知り合いが多いし自宅から三〇分もあれば通える。それに二度目の停年まで五年あるから、もう一仕事できるだろう〟。

電気通信大学では、弟子たちが森口教授を学長に担ぎ出す動きもあったらしい（出馬すれば当選する可能性は十分にあった）。弟子としては、教授と同じ年齢の近藤次郎教授が東大工学部長を経て、「国立公害研究所長」という要職に就いていることに、満たされない思いを抱いていたようだ。

この時森口教授は、寿美夫人に対して言ったという。「僕はもう位人臣を極めた。これ以上望むことはない」と。若い読者にはお分かりにならないかもしれないので、敢えて説明すると、これは「家臣として最高の地位を極めた」という意味である。さらに解説すれば、「工学部評議員（工学部長に次ぐナンバーツーのポスト）になっただけで十分だ」という意味だろう。

工学部長になれば、停年後に世俗的には〝おいしい〟ポストが降ってくる。有力財団の理事長、私立大学の学長、国や企業の研究所長など。しかし、工学部長にはやりたくない仕事が多い。事務官の慰労、文部省との折衝。自分勝手で要求が多い教授たちとのやり取り、エトセトラ。やりたくない仕事をやってまで、学部長の座につきたくない。ましてや学長などマッピラ御免だ。

森口教授、伊理教授は、どちらも権力には関心がない人だった。数理工学者という生き物は、概して権力には関心が薄い人種である。権力に関心がある人の多くは、工学部の保守本流を自任する土木、機械、電気、化学に進むのである。

森口教授は自分の能力を最大限に生かして、多くの役に立つ仕事をやった。業績面から見れば、次に紹介する近藤次郎教授（航空工学科）を遥かに上回っている。しかし社会的には、能力はともかく、誰もやりたがらない仕事を引き受けた人の方が偉くなるのだ。

近藤次郎教授の三段跳び

近藤次郎教授は、一九一七年一月に滋賀県に生まれた。学年で言えば一九一六年生まれの森口教授と同学年である。しかし小学校で飛び級しなかったため、森口教授より一年遅く京都一中に入った。この中学は、小豆島の苗場中学とは比べ物にならない名門校である。

中学を卒業した近藤少年は、森口青年の二年後に第三高校の理科甲類に入学した。担任の先生からは、「森口君に倣って、君も東大航空学科を目指せ」と発破をかけられたという。しかし競争が激しい航空学科は無理だと判断したためか、地元京都大学の数学科に入った（京大には航空学科はなかった）。

数学科を卒業したあと、一九四〇年に東大航空学科にチャレンジして合格。ところが入学した翌年に兵役免除制度が廃止されたため、（森口青年同様）陸軍航空技術学校で三年間の軍人生活を送った。東大を卒業したのは戦争が終わる一九四五年、二八歳の時である。ちなみに森口教授は、この時すでに助教授になっていた。

本書の冒頭で紹介したように、陸軍大尉を最後に大学に戻った森口助教授は、敗戦五年後の一九五〇年にアメリカに留学するまで辛酸をなめた。一方、陸軍中尉で除隊した近藤青年は、戦後は森口助教授以上に辛い日々を過ごした。航空学科を卒業したその年に、進駐軍の命令で航空学科も航空産業も禁止されてしまったため、就職先が見つからなかったのである。

二年後の一九四七年に、総理府統計局の技官に採用されるまでは、アルバイトで食いつないだらしい。このころ聖心女子大学で、若き日の美智子妃殿下に数学を教えたということだが、この大学は文学部だけの単科大学だから、常勤教授だったのか非常勤講師だったのかは不明である。

東大工学部の助教授に採用されたのは一九五四年、三七歳の時である。学生時代も卒業後も、森口教授の後塵を拝し続けた近藤助教授は、東大に移籍した四年後の一九五八年に工学博士号を取得し、その年に講座が一つ増設された機会に、四一歳で航空工学科教授になっている。

この人は東大に移籍したあと、一〇〇冊近い本を書いている。その大半は数学、統計学、OR、システム分析、航空力学関係の学生向け教科書である。これらは、森口教授の研究分野や著書と重なる部分が多いので、数理工学コースの学生たちは、「一体あの人は何の専門家なのでしょうね」と訝っていた(学生というものは、指導教授と近い分野の研究者について、かなりの情報を集めている)。

東大に移る前と助教授時代には、航空工学関係の論文を何編か書いているが、教授になってから停年退官するまでの一八年の間に、英文論文は一編も発表していない。

最もよく知られている研究業績は、YS11を開発する際に、ORにおける定番であるシミュレーション手法を使って、飛行機のキャパシティー(乗客の定員)を決定したことである。この時は、シミュレーション技術に詳しい伏見正則氏が協力したと言うことだ。YS11が商業的に成功を収めたのは、七〇人という適正な定員を設定したおかげだという。

このまま行っていれば、近藤教授は(ヒラノ老人を含む)大半の工学部名誉教授のように、侘しい晩年を迎えていただろう。ところが世の中、何が起こるか分からないものである。近藤教授は五〇代後半から、ホップ・ステップ・ジャンプで、文字通り位人臣を極めるのである。

転機になったのは、一九六八年に発生した〝東大紛争〟である。医学部の無給助手の処遇をめぐって発生したこの紛争は、たちまちのうちに全学に拡大した。授業ボイコット、教授の総括、文学部長吊るしあげ、安田講堂占拠など、過激派学生たちは東大の解体を目指して、乱暴狼藉の限りを尽くした。

一年余りにわたって続いたこの紛争は、加藤一郎学長が機動隊導入したことによって、沈静化に向かうのであるが、この時近藤教授は工学部を代表して学長補佐を務め、学生との連絡役として重要な役割を果たした。

人柄の良さと、腹回り一メートルというメタボ体型が幸いして、近藤教授は学生たちの信頼を得たという。時間的に十分な余裕があった近藤教授は、紛争後も学長補佐として戦後処理にあたった。そしてこの功績を評価され、一九七五年に工学部長に選出されるのである。

東大工学部は、一〇〇〇人を超える教員を擁する大組織である。一〇〇〇人と言えば、東工大全体に匹敵する規模である。公務員組織のランクは、そこに所属するスタッフの数できまる。つまり東大工学部長は、東工大学長に匹敵するポストなのである（学生総数一万人の東工大学長より、学生数三万人の放送大学長の給料の方が多いということだ）。

文部省は東大工学部長の天下り先として、東工大学長に匹敵するポジションを用意するのが慣例になっている。かくして、近藤教授は停年退職後、筑波に新設された「国立公害研究所」（のちの「国立環境研究所」）の所長という要職に就いた。折から公害問題は、日本政府が取り組むべき最重要課題の一つと位置付けられていた。

近藤教授は、ORやシステム分析手法を武器に、〝暗中模索状態にあった〟公害・環境問題に取り組んだ。この結果、現役時代には「何が専門なのかよくわからない」と揶揄された教授は、環境問題の第一人者と呼ばれることになるのである。

幸運はさらに続いた。五年後の一九八五年には、日本の学術界の元締めである「日本学術会議」の会長に選出されるのである。学術会議にはいくつもの部門があるが、保守本流の土・機・電・化集団が対立する中で、日本OR学会という弱小集団から推薦された近藤教授が、第六部（工学系）の部長に選出されたあと、人柄の良さと政治力を買われて会長ポストを射止めたのである。

一度つかんだ幸運は放さない近藤教授は、三期九年間にわたって議長を務め、学界の重鎮になった。その後は通産省傘下の「地球環境産業技術研究機構（RITE）」の理事長、「国際科学技術財団」の理事長などの要職を歴任し、一九九〇年の勲一等瑞宝章に続いて、一九九五年に文化功労者に選ばれた。また二〇〇二年には、航空工学、環境問題、学術行政における功績を対象に、文化勲章を受章している。

森口教授が「勲二等旭日重光章」で終わったことを考えると、森口帝国の臣民としては割り切れない思いが残るが、世の中とはこういうものなのかもしれない。

ヒラノ教授はOR学会の理事として、また学術会議の下部組織である「経営工学関連学会連合会」の役員として、何年にもわたって近藤議長とお付き合いする機会があった。教授の印象を一言で述べれば、〝細かいことにこだわらない鷹揚な人、もしくはお神輿に担ぐにはもってこいの人〟である。

14 引退後の森口教授

名誉教授vs現役教授

森口教授は六〇年代以降、ＦＯＲＴＲＡＮ、ＢＡＳＩＣ、ＣＯＢＯＬ、ＰＡＳＣＡＬ、Ｃなどの計算機言語に関する二〇冊に及ぶ教科書・解説書を出版している。昭和という時代に計算機プログラミングを学んだ人の中には、これらの著書を通じて森口教授のお世話になった人が多いはずだ。

初期の機械語からアセンブラーを経て、使用目的に応じて様々な計算機言語が開発された。ヒラノ青年は、学部時代にアセンブラー言語と科学計算用のＡＬＧＯＬ、ＦＯＲＴＲＡＮを勉強した。また大学院に入ってから、事務計算用のＣＯＢＯＬを、そして筑波大学時代には、汎用簡便言語ＢＡＳＩＣを勉強した。

計算機言語には、それぞれ異なる決まりがある。英語は得意だったが、ドイツ語やフランス語に苦労したヒラノ青年にとって、これらの言語を学ぶのは楽ではなかった。しかし森口教授は、次々と出現する新言語をたちまちのうちにマスターして、教科書を書いたのである。また教授は、内容が古くなった教科書の改訂にも、かなりの時間を割いている（忙しさにかまけて、著書の改訂作業をさぼったのは、ヒラノ老人の痛恨事である）。

著書だけではない。八〇年代には、ＮＨＫのコンピュータ講座の主任講師として、刀根薫教授（埼玉大学）などの同志たちと協力して、計算機プログラミングの普及に努めた。

森口教授は、生涯で一〇〇冊に及ぶ本を書いた。その中には、今なお売れ続けている岩波の『数学公式、Ⅰ、Ⅱ、Ⅲ』などのベストセラーが多い。しかし最も沢山売れたのは、受講者が百万人を超えたというＮＨＫ講座のテキストではないだろうか。

このころ筑波大学ヒラノ助教授は、伊理・甘利両教授の依頼で、数理計画法の講義を担当していた。

朝八時過ぎに筑波の自宅を出て、一〇時過ぎに本郷に着く。学科事務室で出勤簿にハンコを押すついでに、中山事務官と雑談。一〇時半から昼まで講義。どこかで昼食を食べたあと、常磐線に揺られて、三時過ぎに筑波大学の研究室に到着。

時間がかかるうえに、講義一回当たりの謝礼は、四〇〇〇円程度に過ぎない。しかし、優秀な学生に自分の専門分野を宣伝できるだけでなく、さまざまな情報が得られる。伊理教授や伏見助教授から様々な先端的情報が、中山事務官や伊達助手からはうっとうしい情報が。

近藤一夫教授在任中は、応用幾何研究会の活動にもコミットしていた伊理助教授は、次第に森口教授の実用的な研究にシフトし、近藤教授の退官後は、応用幾何学から手を引いてしまった。伊理教授としては、面白い研究テーマがいくらでもあるのに、近藤教授が退職したあとまで、実用性がない研究に取り組む気になれなかったのは当然である。

どこからもお呼びがかからなかった近藤名誉教授は、自宅を拠点に研究活動を継続したが、研究費と人材補給を絶たれたため、たちまち力を失った。大学という研究拠点を失った名誉教授は、（中大を定年で〝解雇〟されたヒラノ名誉教授同様）研究室も研究費も学生も失う。こうなったら、まぎれもない過去の人である。

近藤教授は、自らが立ち上げた神聖な研究から手を引き、森口教授の世俗的な研究に取り組んで、名声を高めていく伊理教授の〝背信〟に激怒した。

ヒラノ老人は考える。〝大島助教授の時と違って、この件は近藤教授に分がない〟と。名誉教授は過去の人である。弟子たるものは、指導を受けた教授に一定の敬意を払う必要があることはもちろんだが、現役を退いた教授は、仕事上のことでかつての弟子を指図すべきではない。停年という制度がある理由はこれである。

それにしても、優秀な弟子と決別せざるを得なかった近藤教授は、不幸な人である。

第三世界とマイコン研究部会

一九八二年四月、筑波大学・ヒラノ助教授は、教育・雑務地獄から抜け出して、東京工業大学工学部・ヒラノ教授になった。博士課程に進んだ五人の東大助教授勢を差し置いて、同期生の中で最も早く教授になったのである（勤務先は、専門担当組織より格下の一般教育組織だったが）。

戦後間もない頃、大学教授は全国で二〇〇〇人しかいなかった。ヒラノ青年が大学を卒業した一九六〇年代初め、仲間たちの間では、東大教授のポストを射止めるのは、一〇年に一人の大秀才だけだと思われていた。四〇代半ばに教授になった人は、六〇歳で停年になるまで居続けるからである。森口教授が、博士課程に受け入れる学生を三年に一人までに絞っていたのは、大学教授ポストが少なかったからである。

ところが、一九五七年の「スプートニク・ショック」のあと、日本政府はアメリカに倣って、理工系大学の拡充に乗り出した。一九五七年には四〇〇人に過ぎなかった理科一類の定員は、その後一〇年を経ずして一〇〇〇人の大台を超えた。東大だけでなく、京大、阪大など、国立大学のすべてが理工系部門を拡充した。

学生定員が増えれば、それに連動して教官ポストも増える。この結果、応用物理学科の五〇人の同期生の中から、六人の東大教授が誕生した。さらに驚くべきことに、修士課程に進んだ二八人中の二二人が、後に有力大学の教授ポストを手にしたのである。

理工系バブルのお蔭で、運よく東工大教授になったヒラノ青年は、何を研究すればいいのか分からないまま、半年を過ごした。

ここに予想外の仕事が飛び込んできた。森口教授――間もなく六六歳になる教授は、電気通信大学を退官して、東京電機大学に勤めていた――が設立した、ＯＲ学会の「第三世界とマイコン」研究部会への参加を求められたのである。

一六ビットのパソコンPC9801の登場によって、パソコン（この当時はマイコンと呼ばれていた）新時代が始まったのは、この年一九八二年である。いち早くその将来性に注目した森口教授は、〝マイコン技術を発展途上国に導入することによって、教育や産業上の問題を解決するための方策〟を検討する研究会を立ち上げた。

ＯＲ学会の研究部会は通常の場合、学会員であれば誰でも自由に参加できることになっている。ところが「第三世界とマイコン」研究部会は、森口主査が部会員を指名するという、前例のない形式が採用された。長らくお世話になって来た大先生の指名となれば、断るわけにはいかない。

竹橋にある「東亜燃料」本社の会議室で開かれた第一回目の研究会には、ＯＲ学会のオールスターキャストと言うべき論客が顔をそろえた。

ヒラノ教授はそれまでも、何回か工学・経済・社会分野の論客が集まる〝文・理融合プロジェクト〟に携わった経験がある。しかしこの種の研究会は、具体的な成果を出さずに終わることが多い。

毎月一回、三年にわたって続いた研究会では、パソコン技術の可能性と限界に関する多くの問題が議論された（その内容の主なものは、OR学会の機関誌「オペレーションズ・リサーチ」の一九八五年一月号に採録された）。残念ながらヒラノ教授は、頭の回転が速く弁舌爽やかな論客たちの議論を聞いているだけで、森口教授の期待にこたえることは出来なかった。

やったことと言えば、ローマクラブの第八レポート『マイクロ電子技術と社会』（ダイヤモンド社、一九八三）の翻訳のお手伝いと、アメリカの「TVAプロジェクト」の成功が第三世界に対する援助活動に与える示唆に関する報告書を書くこと程度だった。

なお森口教授は、研究会での議論をもとにして、〝人類福祉のためにマイクロコンピュータを手なずけよう〟というタイトルの論文をまとめ、一九八四年にニューヨークで開かれた「国際OR学会連合」の大会で招待講演を行っている。この講演は時代に先駆けたものとして、参加者の注目を集めたということだ。

森口教授が、構想は雄大でも、当分実現される見込みがない研究に三年も費やしたのは、驚くべきことである。若いころは実用性一本槍だった森口教授は、〝成熟した〟エンジニアに変身したのである。

そのことを示すもう一つの証拠を挙げよう。一九八七年に、ジョセフ・トラウプ教授（コロンビア大学）が編集した『コンピュータ社会の課題――人類とコンピュータの共存』（共立出版）という本を自ら翻訳したことである（この本は、計算機が人類の将来に及ぼす光と陰を分析したものである）。

国際数理計画法シンポジウム

一九八五年に、三年後の「国際数理計画法シンポジウム」が東京で開催されることが決まった。世界から、一〇〇〇人の研究者が集まるこのシンポジウムの実行委員長は伊理正夫教授（中央大学）、副委員長は刀根薫教授（埼玉大学）とヒラノ教授で、お金集めと現場の雑用はヒラノ教授の担当である。

ジョージ・ダンツィク、エゴン・バラス、ジョージ・ネムハウザーなどの大御所をはじめ、話題の人ナレンドラ・カーマーカー、I・I・ディキンなど、この世界のオールスターが集まったシンポジウムは大成功だった。

実行委員会は森口、近藤両教授をはじめとする、OR学会の歴代会長に招待状を出した。四年前に心筋梗塞を起こしたあと、心臓バイパス手術を受けた七二歳の森口教授は、公式の会合にあまり顔を見せなくなっていたが、この時は健康そのものの近藤教授とともにパーティーに姿を見せ、ヒラノ教授に声をかけて下さった。

「こういうシンポジウムは、若い研究者にとっていい刺激になるだろうね」

「仰るとおりです」

「君は最近、カーマーカー特許の件で頑張っているようだね」

「線形計画問題の解法を特許申請するなんて、許せないです」

「数学的解法に特許を与えると、ロクなことはない。ダンツィクさんもとても憤慨していたよ」

「ところが今年三月に、アメリカで特許が成立してしまいました。しかもカーマーカーの方法は、一七年前にソ連のディキン博士が考案したものと、全く同じものなのです」

「そうなのか」

「カーマーカー特許は、日本にも申請されているので心配しています」

「僕も応援するから、日本がアメリカのような、弁護士ばかりが潤う訴訟社会にならないよう頑張ってくれたまえ」

「先生にそう言って頂けると百人力です」

森口教授の激励は、大きな励みになった。しかし、ＯＲ学会員や数理工学関係者は、自分の問題であるにも拘わらず、この問題に余り関心を示さなかった。アメリカと違って、反対の意思を文書の形で公表した日本人は、ヒラノ教授一人だけだったのである。

大学勤めのエンジニアは、法律や社会のことに関わっている時間がない。また企業のエンジニアは、アメリカべったりの通産省に逆らわない経営者の意向を忖度して、意見を表明しない。法律家にとって、〝文書の形で〟反対意見を表明しない人は、存在しないも同然である。

かくして、一〇年に及ぶ日本特許庁との戦いも、ルーセント社との「カーマーカー特許裁判」も、ヒラノ教授の敗けで終わった。裁判終結とほぼ同時に出版した、『特許ビジネスはどこに行くのか』（岩波書店、二〇〇二）は三大紙の書評で絶賛されたが、四〇〇〇部を売り切ったものの重版されずに終わった。

この本を贈呈した時、心嚢ガンの治療のため入院中だった森口教授は、病床から以下のような感想文を送って下さった。

「『特許ビジネスはどこに行くのか』を送って頂きありがとうございました。入院中は何もすることがないので、一気に読み終えました。裁判には負けても、実質的にはカーマーカー特許を葬ったのですから、君が勝ったのだと思います。

この本で思い出したのは、先ごろ読んだ吉川英治の『新・平家物語』です。データに裏付けられた記述の克明さ、文章の読みやすさは特筆すべきものがあります。この本が岩波書店から出たことも、まことに慶賀すべきことです。

これから先も元気で活躍されるよう願っています」

かつての日本には、〝岩波文化人〟と呼ばれる集団が存在した。もし〝岩波（応用）数学人〟という集団があるとすれば、森口教授はその代表者だった。森口教授は一ダース近い出版社から、三桁に届く本を出しているが、岩波書店は特別な存在だったのである。

小野勝章氏の非業の死

「AT&Tベル研究所」に勤めるナレンドラ・カーマーカー博士が、〝従来の解法より一〇〇倍速い〟と称する新解法を提案したのは、一九八四年である。従来の方法というのは、一九四七年にジョージ・ダンツィク博士が提案した「単体法」である。

単体法が凸多面体上の互いに隣接する頂点をたどりながら解を改善していく方法であるのに対して、カーマーカー法は、凸多面体の内部を突き進む方法である。当初は懐疑的な目で見られていたこのアプローチは、さまざまな改良を施すことによって、線形計画問題の解法の王座を単体法と分け合うことになった。

森口教授は早い時期から線形計画法の重要性に注目し、日本にこの技術を導入するため情熱を燃やした。しかし、大学三年生のヒラノ青年がその仕組みを十分理解したくらいだから、線形計画法は森口教授から見れば易しすぎた。このような簡単なことは、自分が研究するまでもない。こう考えた教授は、計算機プログラミングと数値解析に軸足を移した。

森口教授が撤退した後、教授の弟子の中で線形計画法の世界にとどまったのは、ヒラノ青年と八年先輩の小野勝章氏の二人だけだった。小野氏は、森口教授の教え子の中でもとりわけ優れた才能の持ち主だった。しかしこの人は修士課程を終えたあと、電力中研に就職した。才能があって経済的にも恵まれていたのだから、博士課程に進んでいてもおかしくなかったのに、なぜ設立間もない民間研究所に就職したのか。

考えられる理由は三つある。

一つは、この当時森口教授が一生で最も忙しい毎日を過ごしていたこと、そして間もなく長期アメリカ出張に出かけることになっていたことである。インターネットがあれば、アメリカ出張中も学生に適切なアドバイスを与えることができるが、手紙が一往復するのに二週間近くかかった時代だから、全く指導ができない。それが分かっているのに、博士課程に学生を受け入れることはできない――。

二つ目は、三高時代に森口青年と主席を争った高橋実氏（電力中研主任研究員）の強い要請で、一時的に電力中研に籍を置いたことである。

そして三つ目は、同期生に伊理正夫という天才がいたため、博士課程に進む意欲をなくしたことである。ヒラノ青年も修士時代、伏見正則という秀才に圧倒され続けたが、この人は二〇年ぶりの大天才ではなかったから、やる気を失わずに済んだ。

もし小野氏が博士号を持っていれば、四〇代半ばには、しかるべき大学の教授になっていただろう。しかしこの人は、森口教授の片腕として、線形計画法や計算機プログラミングの普及活動に精力を注いだため、ほとんど論文を書かなかった。

IBM、UNIVAC、CDC、BARROUGHSなどの有力計算機メーカーは、企業や大学に計算機を売り込むために、独自の線形計画プログラムを開発していた。これらのプログラムは、それぞれ異なる設計方式を採用していたため、小野氏のような線形計画法とプログラミングに明るい人は、あちこちから引っ張りだこになった。

多忙を極める小野氏には、研究論文を書いている暇はなかった。したがって、たとえ森口教授から〝ここだけの話〟を聞かされたとしても、一～二年で博士論文をまとめることは出来なかっただろう。論文書きは習慣のようなもので、書く人は次々と書くが、書かない人はなかなか書か（け）ないものなのである

小野氏は、四〇代半ばに電力中研を辞めて、「小野事務所」というソフトウェア・ハウスを立ち上げた。その主たる業務は、企業の委託を受けて、線形計画法をベースとする最適化ソフトを製作することである。しかし、オイル・ショックの影響で産業界が経費削減に努める中で、

会社の経営は厳しかったようである。その後一〇年余り頑張ったが、じり貧の道をたどった。

一億円の負債を抱えた小野氏は事務所を閉鎖し、還暦を迎えた直後に、母親を道連れにして焼身自殺を遂げた。同業者の中には、一〇億円の負債を抱えても平然としている人がいるのに、〝わずか〟一億円で命を絶ったのは、育ちの良さとプライドの高さが災いしたのだろう。

生涯の大恩人である小野氏の無残な運命に、ヒラノ教授は強烈なショックを受けた。そして肝に銘じた。〝工学部教授たるものは、優秀な学生が博士課程進学を希望したら、その希望を受け入れて、誠心誠意指導すべきだ〟と（それ以後約二〇年間、ヒラノ教授はこのルールを遵守して過ごした）。

目黒の菩提寺で行われた葬儀に参列したヒラノ教授は、人望があったにもかかわらず、小野氏の知人・友人が一人もいなかったことに、またまたショックを受けた。

この数年後に、（カーマーカーの登場によって）線形計画法が新たな時代を迎えたことを考えると、もう少し頑張っていたら、一億円の負債などたちまち返済できただろうに、と思わずにいられない。

線形計画法に関する残念な話をもう一つ。カーマーカーが登場する一五年前に、アンソニー・フィアッコとガース・マコーミックという二人の研究者が、「内点ペナルティー法」と呼ばれる解法を提案したことがあった。

この方法は、線形計画問題より難しい「非線形計画問題」の解法として提案されたもので、線形計画問題にも適用可能なものだった。しかし発表当時、この方法がダンツィクの単体法に太刀打ちできると考えた人は誰もいなかった。ところがカーマーカー法の出現によって、この種の解法が単体法と匹敵する（場合によっては単体法を凌駕する）性能を持つことが明らかになったのである。

東京シンポジウムあとしばらくして、カーマーカー法と内点ペナルティー法との間に、深いつながりがあることが明らかになった時、森口教授は慨嘆した。「内点ペナルティ関数法を勉強した時、この方法を線形計画問題に適用するとどのようなことになるか、考えたことがあったんだよ。あの時本気で取り組んでいればよかった」と。

森口教授であれば、カーマーカーより一五年早く、カーマーカー法を考案していたかもしれない。一七年早く見つけたディキン博士が無視されたように、森口教授の提案も無視されていただろうが。

しかし、カーマーカー以後、ディキン博士がカーマーカー法のパイオニアとして後世に名を残したのと同様、森口教授も線形計画法の歴史に、その名を残していたかもしれないのである。

森口教授と金融工学

一九八五年九月のプラザ合意をきっかけに急騰した円は、八六年には一ドル二〇〇円を切り、八七年一月には一五〇円台に入った。一方、八六年はじめに七％だった金利も、五％に低下した。これに原油価格の低下を組み合わせた〝トリプル・メリット〟の影響で、株価の急騰が始まった。

一九八五年に初めて一万円を突破した日経平均株価は、八七年初めには一万八千円を超え、この年の九月には二万七千円に届こうとしていた。このような状況の中、ＯＲ学会の理事の間で、金融研究に本格的に乗り出す必要がある、という意見が強まった。

金融（ファイナンス）理論の出発点は、ハリー・マーコビッツ教授（ニューヨーク市立大学）が一九五二年に提案した「平均・分散モデル」である（ヒラノ青年が学生時代に取り上げようと思ったが、データが手に入らないために見送ったモデルである）。

合理的投資家の投資行動を分析するための平均・分散モデルは、ＯＲの分野で極めて高い評価を受けた（マーコビッツ教授は後に、フォン・ノイマン賞とノーベル経済学賞を受賞している）。

一方、計算が嫌いな経済学者たちは、六〇年代半ばに平均・分散モデルを換骨奪胎して、「資本資産価格付け理論（ＣＡＰＭ）」という、（エンジニアから見ると根拠薄弱な）経済理論を作り上げた。そして、それからあと一五年にわたって、この理論をもとにした「インデックス運用」が、資産運用の世界に君臨するのである。

ところが八〇年代に入ると、ＣＡＰＭのほころびが目立ち始める。また七〇年代半ば以来、「デリバティブ」と称する金融商品が登場したため、ファイナンス理論は大きく変わった。

具体的に言えば、従来の経済学的手法だけでなく、ORの分野で使われてきた応用確率論、最適化手法、計算機シミュレーション技術などが重要な役割を果たすようになったのである。この結果欧米では、OR、数学、物理学などの分野から、多くの研究者がファイナンスに流入した。当時「クオンツ」という言葉が一般紙をにぎわしたが、これはファイナンスに参入したエンジニアを総称する言葉である。

エンジニアの貢献の中で特筆すべきものは、ブラック、ショールズ、マートンの「オプション価格付け理論」(一九七三年)と、ハリソンとクレプスの、「デリバティブの価格付けに関する基本定理」(一九七九年)である。

ブラック(MIT教授)は物理学と計算機科学、ショールズ(スタンフォード大学教授)は計算機科学、マートン(MIT教授)は数学、ハリソン、クレプス(スタンフォード大学教授)はOR畑の出身である。

これに対して日本のエンジニアは、ファイナンスの研究には関心を示さなかった。エンジニアにとって大事なことは〝モノづくり〟であって、おカネのようなつまらないものの研究は、経済学者や経営学者に任せておけばいい。これが大多数のエンジニアの共通認識だったのである。

これから先も金融鎖国が続くのであれば、それでも問題はない。ところが日本政府は、アメリカの圧力に抗しきれず、金融自由化にかじを切った。数年後には、日本でもオプションをはじめとする、デリバティブ商品の取引が解禁されることになったのである。

今から準備しておかなければ、日本の金融機関は欧米勢に席巻される。危機感を覚えた金融機関は、確率微分方程式や最適化法に明るいはずの理工系学生を大量に採用した。ところが日本の大学の工学部で、（経済学部でも！）金融理論を教えているところはほとんどない。工学部の学生は、金融知識ゼロで金融機関に〝拉致〟されたのである。

〝従来から金融問題に取り組んできた、ただ一つの工学系学会であるＯＲ学会としては、この際金融工学の研究に本格的に乗り出すべきではないか〟。この動きを受けて、前年まで研究普及担当理事を務めていたヒラノ教授が、「投資と金融のＯＲ」研究部会を設立する作業を任されることになった。

研究部会には主査が必要である。ところが八方手を尽くしても、主査を引き受けてくれる人はみつからなかった。工学部に勤めるＯＲ研究者は、モノづくりエンジニアに取り巻かれて暮らしている。彼らは、手塩にかけて育てたエンジニアの卵を、何の挨拶もなく拉致して行く金融機関に激怒していた。

〝こっそりやるならともかく、研究部会の主査を引き受けて、エンジニア集団を敵に回すのは賢明でない〟。大方のエンジニアはこう考えた。かくして信頼すべき仲間の頼みを断らないのがモットーのヒラノ教授が、主査を引き受ける羽目になったのである。

数年前から、ファイナンス関係の研究を（こっそり）手掛けていたヒラノ教授は、ハリソン、プリスカ、ペロルドなど、スタンフォード時代の仲間たちの活躍を耳にしていたが、彼らがどのような研究をしているか具体的なことは知らなかった。

そこで、丸善の洋書売り場で、これはと思われる教科書を何冊か買い込み、短期集中決戦で勉強した。そして理解した。金融（ファイナンス）理論はＯＲそのものだ、と。実際、ファイナンスで使われている手法は、すべてＯＲで使われているものだった。かくしてヒラノ教授は、三カ月あまりで金融工学の専門家になった。

森口教授はアメリカ留学から帰って以来、五年ごとに新しい分野に参入して、たちまち第一人者になった。ヒラノ青年は、そのようなことができるのは、東大工学部三〇年に一人の大秀才だけだと思っていた。ところが、三ヶ月で金融工学の専門家になったヒラノ教授は、必ずしもそうとは限らないということに気が付いた。

アメリカの数理科学界に君臨する、ユダヤ人ネットワークに繋がっていた森口教授は、彼らから手に入れた情報をもとに、誰よりも早く基本的論文や教科書（もしくはその草稿）を手に入れ、短期集中で勉強したのではなかろうか。

新しい分野といえども、そのほとんどは、既存の分野から派生したものである。品質管理理論は統計学から、ORは統計学や経済学から、数値解析は解析学から、という具合に。

「岩波講座：数学」全巻を読破した森口教授は、数学の基礎知識をすべて頭の中に収めていた。統計学に参入してすぐに画期的論文を書くことが出来たのは、それまでの蓄積があったからだ。

基礎知識がある人が、他人に先駆けてレベルが高い教科書を集中的に読めば、その分野の〝日本における〟第一人者になるのは、難しいことではない。実際、一万時間の勉強でORの基礎知識を身につけたヒラノ教授は、エルトン＝グルーバーの教科書『モダンポートフォリオ理論と投資分析』を集中的に読むことによって、日本における金融工学（金融における工学的研究）の第一人者になったのである。

ヒラノ教授は何年かのちに、ある本の中で〝M教授の秘密〟としてこの推測を公開した。これを読んだ森口教授から、次のような感想文が送られてきた。

〝M教授が私のことを指しているのであれば、思いあたる節がないではありません。しかし、私の師であるホテリング先生は、「教科書が出るのを待っていたら、新しい波に乗り遅れることがあるので、その兼ね合いが難しい」と言っていました〟と。

もし森口教授が四半世紀遅く、すなわちヒラノ教授と同じ頃に生まれていれば、金融工学に参入してたちまち第一人者になっていたのではなかろうか。確率微分方程式やマルチンゲール理論は、森口教授にとっては自家薬籠中のものだし、最適化法やシミュレーション技術にも精通していたからである。

エンジニアが金融工学に参戦しなければ、日本の金融ビジネスは欧米の金融機関の傘下に入る。それでも構わないという人はいる。例えば、かつてORに携わっていたエンジニア・唐津一教授（松下通信工業、東海大学）は、「もしそうなったとしても、欧米の金融機関は日本の製業におカネを貸してくれるから、全く問題はない」と言っていた。

しかし、アメリカの金融機関が、日本の産業発展のために尽力してくれる保証はない。彼らがアメリカのために、日本の産業を犠牲にしないという保証ないのである。このリスクを考慮すれば、日本の金融ビジネスは、日本の産業発展にとって重要な役割を担っていることが分かる。

金融工学の研究は、日本産業の〝役にたつ〟研究である。しかも森口教授は、この分野の研究に必要な十分な予備知識を持っている。だから、森口教授がヒラノ教授の立場に立てば、必ずや金融工学の旗を振ったのではなかろうか。

スーパー・エンジニアが旗を振れば、若い研究者は、モノづくりエンジニアに気兼ねすることなく、この分野に参入できただろう。

残念ながら旗振り役は、工学部三〇年に一人のスーパー・エンジニアではなく、理科一類で一〇〇番程度の男だった。しかも、森口教授のような実績も名声もなかった。それにも拘わらず、東工大で開催される「投資と金融のＯＲ」研究部会の月例研究会には、常時一〇〇人近い実務家と研究者が集まった。

金融機関に勤める実務家は、工学系の学会であるＯＲ学会と、理工系大学の雄である東工大が、この分野に乗り出したことに拍手を送った。バブル崩壊の影響で、一時的な落ち込みはあったものの、九〇年代半ばの橋本内閣による「日本版ビッグバン宣言」によって、ＯＲ学会の研究部会はかつての勢いを取り戻し、応用数理学会の「数理ファイナンス研究部会」や、「日本金融・証券計量・工学学会（ＪＡＦＥＥ）」とともに活発な活動を続けた。

そしてスタート時点では、欧米に比べて二〇年以上の開きがあった日本の金融技術は、一〇年を経ずして、彼らと太刀打ちできるレベルに到達したのである。

金融工学の旗振り役は、予想通り経済学者やモノづくりエンジニアから集中砲火をあびた。「彼らは単なる計算屋だ」、「金融工学は、一部の富める者たちに奉仕する強欲工学ではないのか」、「金融工学には、その基礎となる原理原則はあるのか」、「彼らは、専門分野で業績を上げることができなかった、食い詰め者集団ではないのか」などなど。

これらの批判を耳にしたヒラノ教授は思った。〝もし自分に森口教授のような才能と実績があれば、ここまで酷いことを言われずに済んだだろう。しかし、いわれなき中傷・誹謗を放置しておくわけにはいかない〟と。

このあとヒラノ教授は、経済学者を打倒するために、毎年五〜六編論文を書き、反・金融工学のものづくりエンジニアの本拠地に赴いて、金融工学の必要性を訴える講演を行った。さらに、金融工学を一般の人々に紹介するための一般書や、金融工学にも原理原則があることを示す二冊の教科書を書いた。

本を出すたびに、ヒラノ教授は森口教授に献呈した。その都度教授は、丁寧で的を射た感想文を送って下さった。

ところが、九五年に出した『理財工学I』(日科技連出版社)のときは、何の応答もなかった。思い返してみれば、国際数理計画法シンポジウムの時に、カーマーカー特許との戦いについては激励してくださったが、「投資と金融のOR」研究部会については、一言も触れて下さらなかった。

〝森口教授は、大方のものづくりエンジニアのように、金融工学(理財工学)がお嫌いなのだろうか。そう言えば、OR学会員の中にも反・金融工学の立場を鮮明にしている有力な研究者が大勢いる〟。

15　森口教授の晩年

寿美夫人の葬儀

一九八七年、七〇歳を迎えた森口教授は、東京電機大学を退職すると同時に、一三年間勤めた総理府の「統計審議会」会長を辞任し、「世界統計協会（ＩＳＩ）」の会長職を除くすべての公職から身を引いた。

寿美夫人が亡くなったのは、金婚式を迎えた翌年の一九九四年九月である。それまで元気そのものだった夫人は、就寝中に突然心筋梗塞を起こして逝かれたということだった。予想しなかったことだけに、森口教授の落胆は大きいのではないか、と弟子たちは心配した。連れ合いを失った老人は、三年以内に六割が死ぬと言われているほど、配偶者の死は老人の生きる力を奪うのである。

お通夜に出席する時間が取れなかったので、ヒラノ教授は翌日の昼に執り行われた葬儀に参列した。森口帝国の重要人物のほとんどすべてが顔をそろえる中、白貝教授の姿は見当たらなかった。事情通のＮ教授によれば、通夜の席でも見かけなかったという。

「計算の数学理論」が、工学的な意味で役に立つ成果を上げたかと言えば、若干の疑問が残るが、〝ライン川の中州に取り残された古城〟にはならなかった。しかし、サンフランシスコ空港での舌戦以後、白貝教授が森口教授を見返すに足る業績を上げることはなかった。教授と一番弟子の争いは、周囲にも大きな傷跡を残した。森口帝国の臣民にとって、白貝教授の名前を口にすることはタブーになった。

ヒラノ老人は、今もときどき思うことがある。もし白貝青年が森口研究室ではなく、近藤研究室に所属していたらどうなっていただろうか、と。

あまり役に立ちそうもない研究をやっていた近藤一夫教授であれば、白貝青年の研究に一定の評価を与えていた可能性がある（その一方で、大島助教授のように破門されていたかもしれないが）。そうなっていれば、白貝教授がフラストレーションを貯め込むことはなかったし、森口教授も苦い思いをせずに済んだのだ。

教授と弟子の争いは、周囲に大きな傷跡を残す。近藤教授vs大島助教授の確執、近藤名誉教授vs伊理教授の対立、そして森口教授vs白貝教授の争いも、この例に洩れなかった。

ヒラノ青年にとって、神様のような森口教授に楯突くことなど、思いもよらないことだった。教授の研究スタンスについて、若干の疑問を持ってはいたが、森口教授に評価されるような仕事をしたいと考えつつ、半世紀を過ごしてきたのである。

葬儀のあとの森口教授の挨拶は、標準的な喪主とは全く違った。寿美夫人の思い出を語り、会葬者にお礼の言葉を述べたあと、次のように締めくくったのである。

「わが家は婦唱夫随だったから、いずれは私も寿美のもとに行きます。しかし余り早く行くと、早すぎると言って追い返されるかもしれないので、あと一〇年くらいは生きて、やり残したことをやり終えてから行くことにします。やりたいことはまだたくさんあります――」

ヒラノ老人は七五年の人生で、何十回もの葬儀に出席した。夫を失った妻、妻を失った夫、娘を失った親はいつも悲嘆に暮れていた。ところが森口教授は明るい表情で、これからもやりたいことをやる、と宣言したのである。

森口教授は、若くして寿美夫人と結婚した。裕福とは言えない家に生まれた森口青年は、名門の令嬢と結婚したことで、生活のことを心配せずに仕事に打ち込むことができた。

教授は明るくて頭がいい寿美夫人に、仕事以外のすべてのことを任せていた。ある人が森口教授を評して、〝メビウスの帯のような人〟と言っていたが、森口教授は公私ともに裏表がない人だった。すべてを握られてもまったく気にしない三〇年に一人の秀才は、夫人にとって理想的な夫だったのではなかろうか。

一方、若いころから岳父の家に同居し、妻に全権を委譲してきた〝マスオ〟さんは、心の片隅ではもう少し自由にやりたい、と思っていたのかもしれない。

森口教授には二人のお嬢様がいた。一人は森口教授のお弟子さんと、もう一人はお弟子さんの弟と結婚して、しばしば両親のもとを訪れていた。また寿美夫人亡きあとも、長く勤めたお手伝いさんが、それまでと変わらず教授の面倒を見てくれることになっていた。つまり森口教授は（ヒラノ教授と違って）、夫人がいなくなったあとも、日常生活に困ることはなかったのだ。

一周忌を前にして、『天衣無縫　緑と花と人を愛して』というタイトルの文集が送られてきた。そこには親戚、友人、知人約一〇〇人の追悼文が載っていた。それを読むと、寿美夫人は文字通り〝天衣無縫な〟人だったことが分かる。

お嬢様たちとは、しばしば衝突することもあったようだが、森口教授は夫人上位の毎日に全く不都合を感じていなかったようである。そう言えば、アン夫人と学生結婚したダンツィク教授も、賢夫人の教え通りに生きる理想の夫だった。

コロンビア大学客員教授

一九九七年の春、コロンビア大学経済学部長から東工大ヒラノ教授あてに、ファイナンス理論に関するシンポジウムでの講演依頼が届いた。旅費と滞在費は先方の負担で、二〇〇〇ドルの謝礼を出すという。

コロンビア大学は、ファイナンス理論の世界的研究拠点である。このような招待が来たら受けないわけにはいかない。ところが手紙を良く読んでみると、招待元はニューヨークにあるコロンビア大学ではなく、中米コロンビアにあるコロンビア大学だということが分かった。コロンビアは、麻薬輸出で世界の鼻つまみである。治安も極めて悪い。たとえ一万ドル貰っても、そんなところに行くのはバカげている（もちろんお断りした）。

ところがこの翌年、ヒラノ教授はわずか三週間ながら、本物のコロンビア大学統計学科の客員教授を務めることになったのである。この学科は、スタンフォード大学統計学科と並ぶ名門で、若き日の森口教授が客員教授を務めたところである。

たまたま「日本金融・証券計量・工学学会（ＪＡＦＥＥ）」の会長を務めていた関係で、コロンビア大学と共催のシンポジウムで基調講演を行う機会に、確率過程論の世界的権威であるカラッザス主任教授から、集中講義を依頼されたためである。

学生時代に統計学から逃げまくっていたヒラノ青年は、留学時代に四五単位の統計学科目を履修して、統計学修士号を頂戴した。東工大の統計学教授になれたのはそのおかげだが、統計学輪講で席を並べたＨ教授（朝香教授の後継者）は、「君はもぐりだ」と喝破した。

ところがそのもぐり男が、世界屈指の統計学科の（客員）教授に招かれたのである。Ｈ教授がこの話を聞けば、「もぐりの二乗だ！」と叫ぶだろうが、これは本当の話である。

コロンビア大学では、経済学科やビジネス・スクールだけでなく、統計学科でもファイナンス理論が正式科目の中に組み込まれていた。『理財工学Ⅰ、Ⅱ』をカバーする丸三日間の講義には、統計学科の大学院生だけでなく、数学科や経営工学科の学生も参加してくれた。

コロンビア大学客員教授時代の森口教授の講義ほどではないにしても、学生たちから好評だったことに気を良くしたヒラノ教授は、この二冊の本を英訳して、フレデリック・ヒリア教授（スタンフォード大学）が編集長を務めるシリーズの一巻として出版することに同意した。しかしその後、「東京工業大学・理財工学研究センター」の設立・運営にかまけているうちに、出版する意欲を失ってしまった。

コロンビア大学についてもう一つ。ヒラノ教授がここで割り当てられたのは、かつてハーバート・ロビンズ教授が使っていたオフィスだった。ロビンズ教授はノースカロライナ大学時代以来の森口教授の友人で、アメリカ統計学会の会長を務めた大物である。

森口教授は、ロビンズ教授と二編の共著論文を書いただけでなく、同教授がニューヨーク大学のリチャード・クーラント教授と協力して書いた、『数学とは何か』（岩波書店）の訳書を出版している。これはとても良くできた本で、ヒラノ老人は今も時折ページをめくっている。

森口教授にお目にかかる機会があれば、この話をしようと考えていたが、結局その機会はなかった。もしこの話を聞いたら、森口教授は〝それは面白い話だねえ。生起確率がゼロの事象でも稀に起こることがある、という見本のような話だ〟と思ったのではなかろうか。

社会の役に立つ研究

一九九八年に『理財工学Ⅱ』を出した時、ヒラノ教授は迷った末に森口教授に献呈した。しかし、『理財工学Ⅰ』のときと同様応答はなかった。

金融ビジネスは、ＧＤＰの四分の一を占める産業である。製造業至上論者の唐津一教授は、〝たった四分の一〟と仰るが、製造業の半分以上である。日本の製造業発展のために力を尽くしてきた森口教授も、唐津教授と同じことを考えているのだろうか。

四か月後、待ちに待った手紙が届いた。それも葉書ではなく封書が。

「『理財工学Ⅱ』を送って頂きありがとう。このところ貴君が、理財工学で頑張っていることは知っていましたが、詳しい内容までは知りませんでした。今回新著をいただいた機会に、以前送っていただいた『理財工学Ⅰ』と併せて読んでみました。

このたび二冊とも読了しましたが、エンジニアとしての貴君の心意気が伝わってくるような感じがしました。資産運用にかかわる実務的問題を、数理計画法を用いて解決しただけでなく、これを後輩たちに向けて分かりやすく解説したのは素晴らしいことです。説明も十分良くこなれていて、申し分ない出来上がりだと思いました。

しかしここで、一つ考えてもらいたいことがあります。貴君がやった仕事は、数理工学の研究としては大変面白いものですが、私には何か一つものたりないのです。

これらの研究はこれで良いのですが、出来ればこれから先、わが国の金融システム全体を抜本的に立て直すための仕事をして頂けないでしょうか。

では今後のご活躍を期待しています」


ヒラノ教授は、学生時代以来森口教授の教えに従って、世の中の役に立つ研究をやりたいと考えて暮らしてきた。数理計画法の研究も、金融工学の研究も、時に抽象に流れそうになったこともあったが、森口教授とダンツィク教授の教えがそれにブレーキをかけた。

理財工学の研究は、間違いなく資産運用の現場で役に立った。また海外の専門家からも高い評価を得た。これは森口教授に満足して頂ける、役に立つ面白い研究だったはずだ。ところが教授は、「何か一つものたりない」と言っているのである。

この時は、〝金融ビジネスを抜本的に立て直すための研究を、一数理工学研究者に要求するなんて、ない物ねだりだ！〟と思った。ところがこの二年後、ヒラノ教授はこのような研究を手がけることになるのである。

一九九九年四月に、日本で初めて金融工学を研究するための組織である「東京工業大学・理財工学研究センター」が設立された。〝専任スタッフが四人という小さな組織だが、全員が一丸になって研究に取り組めば、数年後には当初の計画通り八人のスタッフを擁する、日本の金融工学の拠点ができるだろう〟。これがヒラノ研究センター長の思惑だった。

この計画を実現するためには、退職するまでの二年間に、有無を言わさない研究成果を上げなくてはならない。こう考えたセンター長は、一万人に一人の天才・白川助教授と細心のプランを練り上げた。

センター長は、これまで進めてきた研究をベースとする「資産運用方法プロジェクト」を実施する。また白川助教授は、中小企業を対象とする「インターネット・ファイナンス・プロジェクト」を立ち上げる。さらに、三人の専任スタッフが、それぞれ毎年一回のシンポジウムを企画・実施して、研究者集団や金融ビジネスにアピールする。

従来の研究の延長線上にある資産運用プロジェクトは、必ず成功する見通しが立っていた。一方のインターネット・ファイナンス・プロジェクトは、成功する保証はない。しかし成功すれば、日本の金融システムを根底から改革するはずのプロジェクトである。

当時の金融機関は、中小企業に対して資金を貸し渋っていた。それどころか、貸しはがしと言われるほど苛酷な取り立てを行っていた。このため中小企業は、たとえ将来性があっても、銀行から融資を受けることができず、高利の金融業者に頼らざるを得なかった。銀行は本来であれば、有望な中小企業に融資すべき資金を、これらの高金利金融業者に融資して、大きな利潤をあげていたのである。

一方、たとえ中小企業であっても、有望な企業に対して投資したいと考える投資家は、一定の割合で存在する。投資したくても情報がないため、〇%の金利で銀行にお金を預けている個人と、将来性があるにもかかわらず、高金利で泣かされている中小企業をつなぐシステムが、インターネットを使えば実現できるのである。

そのためには、まず多数の中小企業の信用リスク（倒産確率）を高速に計算するシステムを作り、これに基づいて適正な融資金利を求める。そしてこの情報をインターネット上で公開して、投資家のオークションによる直接融資を実現しようという計画である。

この構想を実現するためには、多額の研究資金とマンパワーが必要である。それが確保できたとしても、技術的、法的問題をクリアするのは容易なことではない。また一般投資家が中小企業に直接投資することになれば、銀行は重要な収益源を失う。貸しはがしをする一方で、銀行は中小企業融資が大切だと言っているから、プロジェクトがうまくいきそうになると、これを潰しにかかるかもしれない。

そこでセンター長は、これらの疑問を白川助教授にぶつけた。質問は半日にわたって続いたが、白川助教授はすべてについて明快な回答を用意していた。この結果センター長は、このプロジェクトに賭けて見ることにしたのである。これぞ森口教授がいうところの、〝日本の金融システムを抜本的に改革する〟プロジェクトである。

センター設立と同時に白川助教授は、五つの企業と共同でこのプロジェクトを立ち上げ、五年以内に実用化することをめざした。

二年目までは順調に進んだ。しかし、センター長が停年退職して間もなく、白川教授が病に斃れたため、エンジンを失ったプロジェクトは未完に終わった。そして、日本の金融工学の橋頭堡だった「理財工学研究センター」も、国立大学の法人化に伴う混乱の中で、設立五年後の二〇〇四年に、事実上廃止されてしまったのである。

もしヒラノ教授が、六〇歳以降もセンター長を務めていれば、またもし白川教授が病に斃れていなければ、この構想は実現していただろうか。

センターが、当初の計画通り八人のスタッフを擁していれば、可能だったかもしれない。しかし、わずか四人のスタッフで、このようなグランド・プロジェクトを立ち上げたのは、センター長の重大な判断ミスだった。残念ながらヒラノ教授には、森口教授の期待に応えるに足る、実力と政治力がなかったのである。

松庵サロン・コングレス

停年退職後の工学部教授は、ないないづくしの毎日である。研究費はない、研究室はない、専門ジャーナルもない。助手・秘書・学生もいない。この結果、工学部名誉教授は、あっという間に過去の人になる。

一方、一九八〇年代に定年制を廃止したアメリカの大学では、相部屋ながら名誉教授には、研究室が与えられる。また一定の範囲で、事務的サービスも受けられる。たとえばダンツィク教授は、八〇歳を超えてからも、独立した研究室と専任秘書を持ち、大学院生とゼミを開いていた。外部機関から研究費を取ってくることができれば、年齢にかかわりなく研究を続けることができる。これがアメリカの大学である。

これには、大学の〝養老院化〟というコマッタ問題があるが、停年退職と同時に滝壺に突き落とされるようなことはないのである。

今であれば、森口教授ほどの実績がある人なら、特任教授として迎える大学があるだろうが、当時はこのような制度はなかった。しかし、森口教授は恵まれていた。

数理工学の研究には、大したおカネは掛らない。パソコン以外の機器は不要である。自宅に大きな書斎がある。学生はいないが、有能で忠実な弟子が大勢いる。彼らに頼めば（今ではインターネット経由で）、ジャーナル論文も手に入る。

一九六〇年代末以来、寿美夫人の音頭取りで、年に数回弟子たちを招いてオープン・ハウスを開いていた森口教授は、夫人亡きあとは、二人の令嬢のアレンジで毎月一回、「松庵サロン・

コングレス」を開催していた。

ここには、弟子だけでなく令嬢の友人など、広い範囲の友人・知人が招かれた。常連の中には、NHKのコンピュータ講座の担当だった、須磨佳津江アナウンサー（現在ラジオ深夜便でアンカー役を担当）もいた。

二〇〇二年七月まで七〇回にわたって続いたこの会合では、森口教授が講話を行ったあと活発な討議が行われた。講話の内容は多岐にわたったが、その一部は『数理つれづれ』（岩波書店、二〇〇一）にまとめられている。

ヒラノ教授はこの会合に招かれることはなかった。しかしたとえ招かれても、出席することはできなかっただろう。次から次へと襲ってくる大学改革の荒波や、理財工学研究センターの運営などで、肉体的にも精神的にも消耗していたからである。

自由な時間を手に入れた森口教授は、九〇年代に入ってからも、多くの本を出している。『おはなし統計学』（日本規格協会、一九九一）、『強さのおはなし』（日本規格協会、一九九七）などの啓発書（エッセイ）、『確率表現関数』（東京大学出版会、一九九五）という専門書、『EXCEL/BASIC基礎指南』（日本規格協会、二〇〇〇）という教科書を出している。

また二〇〇〇年代に入ってから、『応用数学夜話』（日科技連出版社、一九七八）、『計算数学夜話』（日本評論社、一九七八）の文庫版や、『数学とは何か』（岩波書店、一九六六）の新版が出版されている。

かねて教授は、「僕の本はロングセラーが多いんだよ」と言っていたが、これらの本は四〇年後の今もマーケット・バリューを持っているのである。

夫人の葬儀での〝まだやりたいこと〟というのは、若い頃やり残した統計学の研究、計算機科学、数理工学に関する教科書やエッセイを書くことだったのではなかろうか。

教授はこれらの著書のほかにも、八〇年代末以降、何編かの論文を発表している。ヒラノ教授が目にしたのは、日本OR学会の英文論文誌に発表した二編だけであるが、それは教授が三〇年近く前に、コロンビア大学のロビンズ教授と共著で書いた〝秘書選び問題〟のバリエーションだった。

何人かの秘書候補がランダムにやって来て、面接を受ける。一度断った候補は二度戻ってくることはない。この時どのようなルールで採用するのがベストか、という問題である。

この問題（最適停止問題）については、古くから多くの論文が書かれている。森口論文は、秘書を面接する際に一定のコストが掛る場合について分析したものである。その内容は分かりやすく整然としていたが、ヒラノ教授にとってはやや物足りないものだった。

理工系研究者と独創性

〝（理工系）研究者の独創性は二〇歳でピークを迎え、その後単調に減少して七〇歳でゼロになる。一方二〇歳でゼロだった分析力は、その後単調に増加する。研究者の生産性が最も高まるのは，両者の積が最大になる四五歳である。

これはノーベル物理学賞を受賞した江崎玲於奈博士の言葉であるが、エンジニアの場合、物理学者や数学者に比べて、独創性より分析力がものを言う場合が多いから、生産性のピークは四五歳より後にずれているようだ。

それはさておき、恐ろしいのは、〝独創性が七〇歳でゼロになる〟という指摘である。実際六〇代半ばを迎えた頃、ヒラノ教授は（もともと乏しかった）独創性の衰えを強く感じるようになった。七〇歳でゼロということは、七〇を超えたら独創的な論文は書けないということである。

ダンツィク教授は七〇歳を超えてからも意気軒昂だったが、ほとんど論文を書かなかった。ダンツィク教授だけではない。スタンフォードの有力教授たちの中で、七〇歳を超えても、他の研究者から引用される独創的な論文を書いている人は極めて少ない。

七〇歳を超えて独創性を失った理工系研究者は、若いころ手がけた研究の焼き直しや落ち穂拾い的な研究しかできなくなるのではないか。ダンツィク教授や森口教授のようなスーパースターでも、この例に洩れなかったのだとすれば、ヒラノ教授もそうなることは必定である。

独創性が乏しくなった人が書いた論文に関心を持つ人は少ない。しかし、かつて斯界の第一人者と呼ばれた人が、体裁が整っている論文を投稿してくれれば、若いレフェリーや編集委員は無碍にリジェクトしにくい。

このような論文を読んだ弟子たちは、大教授が古色蒼然たる論文を書いたことにショックを受ける。かくしてヒラノ教授は、七〇歳を超えたあとは、研究の一線から撤退することを決意したのである。

巨星墜つ

九〇年代初めに、母が残してくれた大泉の山小屋を建て替えてから、ヒラノ教授は毎年夏休みに入ると、学生全員を招いてバーベキュー・パーティーを開いた。

一二畳のリビングと六畳、四畳半の二部屋という小さな山荘なので、二〇人の学生を泊めることはできない。しかし、昼の間に庭でバーベキューをやって、夜は車で一五分ほどのところにあるリゾートクラブ・泉郷の貸別荘に泊ってもらう。会員特典を利用すれば、一人当たりの宿泊費は五〇〇〇円程度で済む。この結果、〝すべての学生を呼ぶか、誰も呼ばないかの二者択一〟の原則は、一〇年にわたって守られたのである。

ヒラノ山荘は、森口教授の別荘から歩いて三〇分ほどのところにあったから、時折ご挨拶に伺った。不在のことが多かったので、シーズンが終わるころ、大泉土産の信玄餅などを持って、帰り道に杉並のご自宅に挨拶に伺ったこともある。

大泉で森口教授にお目に掛ったのは、国際数理計画法シンポジウムの前年、下の息子を連れて天女山に登った時に、山頂から下りてきた教授夫妻とすれ違ったのが最後である。

二〇〇〇年の夏に開かれた〝最後のバーベキュー〟には、在学生だけでなく、社会人になった元学生など、三〇人が来てくれた。妻の難病が日に日に進行しているから、学生を招くのはこれが最後にするつもりだった。何事にも、始まりがあれば、終わりがあるのだ。

どんちゃん騒ぎの翌日、ヒラノ教授は森口山荘「東麓美庵《トレビアン》」を訪れることにした。大泉駅を超えて泉ラインを五～六分小泉方向に歩いたところに、山道の入り口がある。山荘は、ここから一キロほど登ったところにあった。三五年前に学生たちが、バケツに入れた水を運んだルートである。

山道に入って七～八分した時、四〇メートルほど先に人影が見えた。浴衣を着た白髪の老人（多分男性）と、赤いスーツを身につけた中年の女性である。老人は女性に寄りかかりながら、おぼつかない足取りで角を曲がり、坂道を下りて来た。〝もしかして、あれは森口教授ではなかろうか〟と思ったところ、二人は突然Uターンして坂を登りはじめた。

追いかけようかと思ったが、ヒラノ教授もUターンして坂道を下った。先方が人に会うのを避けたような感じがしたし、どのような言葉をかければいいか分からなかったからである。

東大時代の森口教授は、いつも精悍そのものだった。工学部六号館の階段を駆け上がる教授は、本当にカッコいい人だった。電気通信大学に移ったあとも、髪が少し薄くなったものの、とてもお元気だった。

東京電機大学に移籍したあと、三年にわたって毎月一回「第三世界とマイコン」研究部会でご一緒した時、役に立つことを重視するスーパー・エンジニアは、人間や社会を考える成熟したエンジニアになっていた。

国際数理計画法シンポジウムが開かれた一九八八年以降、一度も森口教授にお目に掛る機会はなかった。八〇代半ばを迎えても、依然として健筆を揮っておられることは知っていたし、時折頂戴する手紙は、文章にも文字にも全く乱れはなかった（中学時代の担任が、文系の方が向いていると言ったそうだが、森口教授はとても文章が上手だった）。

祖父と最後に会った時は、ずいぶん年を取っていると思ったが、まだ七〇代だった。八〇代に入った老人を間近に見ることがなかったヒラノ教授は、ショックを受けて山道を引き返したのである。

家に戻ってこのことを話したところ、妻はいつになく厳しい口調で言った。

「あなた、どういうつもりなの。森口先生とお話するのは、これが最後かも知れないじゃないですか」

夫がどれほど森口教授のお世話になって来たか、妻は知っていたのだ。

「分かった。明日の朝一緒に行かないか」

翌朝ヒラノ教授は、車の助手席に妻を乗せて山道を登った。しかし山荘には鍵が掛っていた。結局、あれが森口教授だったのかそうでなかったのか、分からずじまいだった。

森口教授が亡くなったのは、それから二年後の二〇〇二年一〇月である。享年八六歳。

東大を退職する前後から狭心症を患っていた教授は、六八歳の時に心筋梗塞を起こし心臓バイパス手術を受けた。その後寿美夫人（と二人の令嬢）の厳格な健康管理によって、心筋梗塞の再発を回避していたが、八三歳になって前立腺がんに罹っていることが判明。

その後も毎月「松庵サロン・コングレス」を開催し、若い人を相手にレクチャーを続けたが、七一回目の会合の直前に、暫く前から患っていた心嚢ガンの治療中に、脳梗塞を起こして急逝したのである。

新しい著書の構想をお持ちだったということだが、夫人の死後一〇余年、森口教授はやりたいことをやり終えて旅立たれたのである。心筋梗塞、前立腺がん、脳梗塞という三大成人病を患っていたから、ＰＰＫ（ピンピンコロリ）とまでは言えないものの、何の苦痛もなく逝かれたということだ。

このときは通夜と葬儀の両方に参列したが、夫人の時と違って、詳細について全く記憶がない。金融工学の旗振り役、妻の難病と手術、白川教授の急逝、カーマーカー特許裁判など、大きな問題が重なったせいである。

葬儀の後しばらくして、二人のお嬢様が編集した『森羅万象　生涯一学者　ニコニコとともに』というタイトルの追悼文集が出版された。二六〇ページに及ぶこの文集には、一八〇人の同僚、友人、学生、親戚などが森口教授の思い出を語っている。

そこには森口教授の天才ぶりのほかに、教師として、家庭人として、社会人としての姿が描かれている。サブタイトルにあるように、森口教授はいつもニコニコ顔で、〝生涯一学者〟としての人生を全うしたのである。

幻の森口賞

二〇〇四年にヒラノ教授が、伏見教授を差し置いてOR学会の会長に選出された時、森口教授がご存命であれば、コロンビア大学客員教授の話以上に驚かれたことだろう。〝世の中、何が起こるか分からんものだなぁ〟。

産学協同を旨とする学会であるOR学会の会長は、産業界と学界から交互に選ばれるのが慣例になっていた。会長の任期は二年だから、学界出身の会長は四年に一人しか出ない。歴代会長は、森口繁一、近藤次郎、小野勝次（静岡大学学長）、松田武彦（東工大学長）、伊理正夫（東大副学長）など、大物揃いである。学生時代のヒラノ青年にとって、OR学会の会長は文字通り雲上人だった。

折から三年後に設立五〇周年を迎えるＯＲ学会は、大掛かりな記念事業を実施することになっていた。記念式典、記念シンポジウム、記念出版、記念講演会など。しかしこれだけでは、一〇年前の四〇周年事業と変わり映えしない。

そこでヒラノ会長は、これまでにない大きな賞を制定する計画を立てた。ＯＲ学会員に限らず、ＯＲ関連の分野で傑出した業績を挙げた人を表彰する賞を作れば、競合するいくつかの学会から、一歩抜け出すことができるのではないか。

大きな賞には、学会を代表する研究者の名前を冠せるのがいい。では誰の名前を冠せるか。歴代会長の中で、ＯＲの発展に最も大きく貢献したのは森口教授である。したがって、本来であれば「森口賞」としたいところだが、残念ながらすでに故人である。現存する一番の大物は、二年前に文化勲章を受章した近藤次郎博士である。

賞状だけでなく、副賞一〇〇万円の賞の創設するためには、二〇〇〇万円の募金を行う必要がある。そこで、近藤教授から三〇〇万円プラスアルファ、学界選出の歴代四会長からそれぞれ一〇〇万円の寄付を頂戴する計画を立てた。

取らぬ狸の皮算用は、結果的に一六〇〇万円しか集まらなかったが、「森口賞」であれば、目標達成は可能だったのではなかろうか（近藤教授はこの本を執筆中だった二〇一五年三月に亡くなった。享年九八才）。

昭和を代表するエンジニア

一九七〇年代末に、エズラ・ヴォーゲル教授（ハーバード大学）は、『ジャパン・アズ・ナンバーワン』というセンセーショナルな本を書いた。日本を油断させることを意図したものだという説もあるが、それだけではない。バブルが崩壊するまでの日本の製造業は、世界から畏怖される存在だったのである。

スプートニク・ショック以後、日本政府は理工系大学を大拡充した。特に目立つのが、工学部に対するてこ入れである。一九五七年には四〇〇〇人に過ぎなかった東京大学理科一類の定員は、その後一〇年を経ずして、一〇〇〇人の大台を超えた。そしてその七割以上が工学部に進学し、ここに集まったエンジニアが、世界最強の製造業を支えたのである。

自動車、半導体、工作機械、造船技術などで、日本は世界を席巻した。そしてこの強さは、エンジニアの努力のたまものだった。

一般の人たちは、製造業大国を築いたのは、土木、機械、電気、化学などが専門のエンジニアだと思うかもしれない。確かに彼らの貢献は絶大なものがあった。しかし産業化にあたっては、ハード技術だけでなくソフト技術も大きな役割を果たした。

統計的品質管理、生産管理、物流管理、ＯＲ（数理計画法）などの数理工学的手法と、これらを縦横に駆使するための、情報（計算機）技術がそれである。森口教授はこれらの分野で、余人が遠く及ばない巨歩を記した。

残念なことに、それらの貢献の多くは、上書きされて見えなくなってしまった。しかし日本で初めて品質管理技術や線形計画法を導入したこと、日本で初めてアセンブラー言語「ＳＩＰ」を実装したこと、計算機教育に尽力したこと、数値実験によって超高層ビルが巨大地震に耐える強度を持つことを示したことなどは、記録に残す価値があるのではないだろうか。

ところが、没後一〇年余りしか経ってないのに、森口教授の名前を知る人はめっきり少なくなってしまった。エンジニアがやった仕事は、ほとんどの場合、あとからやってきたエンジニアの手で上書きされ、見えなくなってしまうからである。

すでに書いたとおり、エンジニア軽視は明治以来わが国の伝統である。その証拠に、ウィキペディアを調べて見ると、経済学者や文学者など、文系の研究者については詳細な記述があるのに対して、森口教授や伊理教授のようなスーパー・エンジニアを紹介する記事は見当たらない。発言しないエンジニア、一般人が関心を持たないエンジニアは、現役を引退したあとは、ただ消えていくだけである。〝第二次世界大戦後の日本は、エンジニアの時代だった〟と言われているにもかかわらず、あれほど傑出したエンジニアが、死後わずか一〇年あまりで〝歴史の闇〟の中に消えて行くのは、あまりにも惜しい。

森口教授だけではない。傑出したエンジニアは他にも大勢いたはずだ。しかしそれらの人も、忘れ去られようとしている。この本を読まれたエンジニアが、〝エンジニアの時代〟を作ったスーパー・エンジニアの物語を書いて下さることを願いつつ、この物語を終えることにしよう。

あとがき

四年前に中央大学理工学部を定年退職したヒラノ老人は、〝日本の秘境〟と呼ばれている理工系大学と、そこに棲息するエンジニアを、世間一般の人々に紹介する仕事を生業とする、〝工学部の語り部〟に転身した。

第一冊目の『工学部ヒラノ教授』（新潮文庫、二〇一三）で工学部の表側を、二冊目の『工学部ヒラノ教授の事件ファイル』（新潮文庫、二〇一四）で裏側を紹介したところ、工学部教授諸氏の顰蹙を買う一方で、一般読者から拍手喝采を受けた。

文系読者の中には、筒井康隆氏の『文学部唯野教授』に記された、私立大学文学部とは全く異なる、工学部（エンジニア）カルチャーを知って驚いた人が多かったようである。一冊目で紹介した〝工学部七つの教え〟に衝撃を受けた法律家や作家から、出典について問い合わせがあったくらいである。

工学部教授は忙しすぎて、自分がやっている仕事について語る時間がない。時間があっても、人に分かりやすく伝えるレトリックがない。また仮に語ったとしても、相手が分かってくれるはずがないと思っている。

エンジニアの大半は、専門書と趣味の本以外は読まない。したがって、元エンジニアがエンジニアの物語を書いても、エンジニアは読んでくれないこと、ましてや買ってくれないことは分かっていた。

一方文系の人たちは、〝エンジニアは人里離れた場所で黙々と働き、富を稼ぎだしてくれればいい〟と思っている。現役時代のヒラノ教授は、エンジニアの物語を書いても、文系の人は読んでくれないだろうと考えていた。

ところが意外なことに文系人の中には、エンジニアの生態に関心を持つ人が存在するようである。このことに勇気づけられたヒラノ老人は、現役時代のように勤勉に、工学部とエンジニアを紹介する本を書き続けてきた。書き手が少ないので、書くべきことはいくらでもあった。

上記の二冊に引き続き、『工学部ヒラノ教授と七人の天才』（青土社、二〇一三）を出したところ、（文系）読者から次のようなファンレターが届いた。

〝ヒラノ教授シリーズの愛読者の一人です。これまでお書きになられた本は、全部読んでおりますが、今回の『七人の天才』はとりわけ面白く読ませていただきました。そして、東工大には凄いエンジニアが住んでいるものだと、驚きました。

そこで一つお願いがございます。この本のあとがきにお書きになられたように、いつかこの続編をお書き頂けないでしょうか。主人（東大工学部出身のエンジニア）もよろしくと申しております〟。

このファンレターに力づけられたヒラノ教授は、〝東大工学部七人の天才〟たちの物語を書く計画を立てた。しかしこの計画はたちまち頓挫した。東大にも凄い人が大勢いた。しかし東工大の七人の天才が、いずれも甲乙つけがたい才能の持ち主だったのに対して、東大工学部には〝三〇年に一人の秀才〟と呼ばれた、超絶天才がいたからである。

したがって、七人の一人一人を個別に紹介する本は、バランスを欠いたものになってしまう。そこで方針を変更して、この本では〝三〇年に一人の大秀才〟を軸に、この人を取り巻く天才たちを紹介した次第である。

養老孟司博士が言うとおり、二〇世紀後半の日本は〝エンジニアの時代〟だった。彼らは家族のため、会社のため、国のために一生懸命働いた。しかし、世界最強を誇ったエンジニアの多くは、すでに現役を引退した。

世間がバブルに浮かれた時代も、またゆとり教育の影響で新入生の学力が低下する中でも、工学部では（文系大学に比べれば）まともな教育が行われてきた。したがって、現役エンジニアの中にも優れた人が大勢いる。

アベノミクスの第三の矢である〝成長戦略〟は、いまだにその姿が見えないが、それを担うのは新ビジネス、新ビジネスを興すのは新技術以外にない。エンジニアが担っている役割は、これまで以上に大きくなっているのである。

わが国はこれまでエンジニアを軽視してきた。明治政府が、〝技官の待遇は文官より低く設定すべし〟という通達を出したことが、今なお尾を引いているのである。

『理系白書』（講談社、二〇〇三）に紹介されている、西村肇・東大工学部名誉教授（化学工学）の調査によれば、有力大学理工系学部出身者の生涯賃金は、文系学部出身者より五二〇〇万円（！）も少ないという。一方、西村和雄・京都大学名誉教授（経済学）は、〝理系と文系の間にそれほど大きな違いはない、むしろ理工系出身者の収入の方が多い〟と反論している。

どちらもデータの裏付けがあるものだが、食い違いの原因は、調査対象が同じではないことだろう。製造業に勤める大卒技術者の待遇は、高卒技術者の待遇と決定的な違いはなかった。一方、一流大学文系学部出身者は、高卒事務職員よりずっといい待遇を受けていた。一流大学の理工系学部出身者と、文系学部出身者を比較すれば、工学部名誉教授の調査結果に軍配が上がるのではなかろうか。

ヒラノ教授には、自分をエンジニアと呼んでいいかどうか、若干のためらいがある。工学部出身なのだから、エンジニアを名乗ってもおかしくない。また数理工学や金融工学の研究者であることからしても、エンジニアを名乗るのは不当ではないだろう。しかし、これらの分野の研究者は、工学部の保守本流を任じる〝土・機・電・化（土木・機械・電機・化学）グループ〟から見れば、辺境の民に過ぎない。

ヒラノ教授は学生時代以来、彼ら一級エンジニアに対してコンプレックスを持ち続けてきた。このコンプレックスから脱け出したのは、難病を患う妻を介護する過程で、料理という技術を習得してからである（料理はまぎれもないモノづくり技術である）。

ところがヒラノ教授の周囲には、土・機・電・化の分野に進んでも一流になれるだけの能力を持ちながら、敢えて辺境の民の道を選んだ人もいたのである。この本で紹介した森口繁一、近藤一夫、伊理正夫、竹内啓、近藤次郎、甘利俊一教授らはそのような天才である。

ヒラノ教授は少年時代に、〝偉人伝〟を片端から読んだ。小学生時代に研究者を志したのは、これらの本の影響が大きい。しかし今になって考えると、偉人伝に登場するエンジニアは、エジソン、ライト兄弟、ジェームス・ワット、そして日本人では豊田佐吉くらいしか思いあたらない。

偉人伝に登場するのは、アインシュタインや湯川秀樹などの物理学者、キュリー夫人やポーリングなどの化学者、パスツールや野口英世のような医学・生物学者、ガウスやガロアのような数学者、ゲーテやトルストイのような文学者、シュバイツァーやナイチンゲールのなどの平和運動家、つまりノーベル賞やフィールズ賞の対象になる分野の人がほとんどであって、エンジニアは除外されているのである。

また、これまでに文化勲章を受章した三七七人の中で、物理・化学・生物・数学などの専門家（理学部出身者）が約一〇〇人であるのに対して、エンジニア（工学部出身者）は三〇人、芸術家との境界に位置する建築家を除けば、二一人に過ぎない（うち土・機・電・化以外の研究者は、この本で紹介した近藤次郎博士だけである）。第二次世界大戦後の日本が、エンジニアに多くを負っていることを考えれば、これは少なすぎるのではなかろうか。

エンジニアが冷遇されてきたのは、彼らの仕事は一般の人には分かりにくいうえに、後からやってきたエンジニアに上書きされて、業績が見えなくなってしまうから、仲間との共同作業を重んじるエンジニアは、自分の業績を吹聴して仲間から孤立することを好まないから（日本にも自己主張が強いエンジニアはいる。しかし青色発光ダイオードに関する業績で、ノーベル賞を受賞した中村修二教授のような人は、例外中の例外である）、そして、エンジニアの物語を書こうとする人が少ないからではなかろうか。

ヒラノ名誉教授が工学部の語り部を続けているのは、なるべく多くの人に、日本の産業発展に貢献した第一級のエンジニアを知って貰うためである。

法学部教授や作家から、〝工学部七つの教え〟の出典について問い合わせがあったとき、ヒラノ老人は〝四〇年にわたる工学部生活の間に体得したものです〟とお答えした。ところが本文中にも書いたとおり、この大部分は森口教授から受け継いだものなのである。

ヒラノ青年は、森口教授から〝研究スタイル〟を盗み取ることは出来なかったが、スーパー・エンジニアの心構えはしっかり学んだのである。四〇年のキャリアを全うできたのは、これらの教えを守ったおかげである。

ヒラノ老人が森口教授と接した時間は限られている。したがって、ここに記した内容には、間違いや記憶違いあるかもしれない。また、本来であれば触れるべきことを省略したために、教授を良く知る人たちからお叱りを受けるかもしれない。

しかしその一方で、教授の至近距離に居た人たちと違って、やや客観的にこのスーパー・エンジニアについて語ることができたのではないか、と考えている。

なおこの本を書くにあたって、畏友・伏見正則東京大学名誉教授と香田正人筑波大学名誉教授に提供して頂いた様々な資料を参考にした。また草稿を読んで、有益なコメントをお寄せ下さった竹山協三中央大学名誉教授、日野幹雄東工大名誉教授にもお礼申し上げたい。

末筆ながら、いつもながらヒラノ老人に激励とアドバイスを下さった青土社の菱沼達也氏にも、深甚なる謝意を表する次第である。

二〇一五年五月

今野 浩

著者紹介
今野浩（こんの・ひろし）
1940年生まれ。専門はORと金融工学。東京大学工学部卒業、スタンフォード大学OR学科修了。Ph.D.,工学博士。筑波大学助教授、東京工業大学教授、中央大学教授、日本OR学会会長を歴任。著書に『工学部ヒラノ教授』、『工学部ヒラノ教授の事件ファイル』、『工学部ヒラノ教授のアメリカ武者修行』（以上、新潮社）、『工学部ヒラノ助教授の敗戦』、『工学部ヒラノ教授と七人の天才』、『工学部ヒラノ名誉教授の告白』、『工学部ヒラノ教授の青春』、『あのころ、僕たちは日本の未来を真剣に考えていた』（以上、青土社）、『ヒラノ教授の線形計画法物語』（岩波書店）など。

工学部ヒラノ教授と昭和のスーパー・エンジニア
森口繁一という天才

2015年6月25日　第1刷印刷
2015年7月10日　第1刷発行

著者――今野 浩

発行人――清水一人
発行所――青土社
〒101-0051　東京都千代田区神田神保町1-29　市瀬ビル
［電話］03-3291-9831（編集）　03-3294-7829（営業）
［振替］00190-7-192955

印刷所――ディグ（本文）
方英社（カバー・扉・表紙）
製本――小泉製本

装丁――クラフト・エヴィング商會

ISBN978-4-7917-6867-7 C0095